ŒUVRES COMPLÈTES

DE

SIR WALTER SCOTT.

Traduction Nouvelle.

PARIS,

CHARLES GOSSELIN ET **A. SAUTELET ET C°**

LIBRAIRES-ÉDITEURS.

M DCCC XXVIII.

H. FOURNIER IMPRIMEUR.

ŒUVRES COMPLÈTES

DE

SIR WALTER SCOTT.

TOME SOIXANTE-DOUZIÈME.

IMPRIMERIE DE H. FOURNIER,
RUE DE SEINE, N° 14.

LES CHRONIQUES DE LA CANONGATE.

(The Chronicles of the Canongate.)

SIC ITUR AD ASTRA.
(Devise des armoiries de la Canongate.)

TOME SECOND.

LES CHRONIQUES DE LA CANONGATE.

(The Chronicles of the Canongate.)

CHAPITRE XII.

« Mais quant à votre fils, croyez-le fermement.
» Aux périls les plus grands votre conseil l'expose,
» Si même de sa mort il n'est la triste cause. »
SHAKSPEARE. *Coriolan.*

Dans la soirée qui précéda le jour fixé pour son départ, Hamish descendit vers la rivière avec sa ligne, afin de se livrer pour la dernière fois à un genre d'amusement dans lequel il excellait, et pour se procurer, en même temps, les moyens de faire avec sa mère un repas un peu meilleur que de coutume. Il fut aussi heureux qu'à son ordinaire, et eut bientôt pris un beau saumon. En revenant chez lui, il lui arriva un incident dont il parla ensuite comme d'un mauvais présage, quoique probablement son imagination exaltée, jointe au penchant universel de ses compatriotes pour le merveilleux et l'exagération, donnât une importance superstitieuse à une circonstance ordinaire et toute naturelle.

Sur le sentier qui conduisait chez lui il fut surpris de voir un homme qui, comme lui, était vêtu et armé à la manière des anciens Highlanders. La première idée qui lui vint à l'esprit fut que ce passant faisait partie de son corps, dont les soldats levés par le gouvernement, et portant les armes d'après l'autorité du roi, n'étaient pas soumis aux nouveaux réglemens qui proscrivaient l'ancien costume et les armes d'autrefois. Mais, tandis qu'il accélérait le pas pour atteindre son camarade supposé dans l'intention de lui demander sa compagnie pour le voyage du lendemain, il fut surpris de voir que l'étranger portait une cocarde blanche, signe fatal proscrit dans le pays des Highlands. Cet homme était de haute taille; son extérieur avait quelque chose de sombre qui semblait encore ajouter à sa stature; et la manière dont il semblait avancer, plutôt en glissant qu'en marchant, fit naître dans l'esprit de Hamish des doutes superstitieux sur la nature de l'être qui passait ainsi devant lui dans le crépuscule. Il ne chercha plus à le rejoindre, mais il se contenta de le suivre des yeux, croyant, d'après la superstition commune aux montagnards, qu'on ne doit ni s'approcher indiscrètement des apparitions surnaturelles que l'on peut voir, ni en éviter la présence; mais qu'il faut leur laisser le choix de cacher ou de révéler leurs secrets, selon que leur pouvoir surnaturel peut le permettre ou que le but de leur mission peut le requérir.

Sur un monticule situé au bord de la route, précisément à l'endroit où le sentier, changeant de direction, descendait vers la cabane d'Elspat, l'inconnu s'arrêta, et sembla attendre l'approche de Hamish: Hamish, de son côté, voyant qu'il fallait qu'il passât près de cet être suspect, rassembla tout son courage, et s'avança vers l'endroit où il continuait à le voir. Alors l'inconnu lui montra d'abord la cabane d'Elspat, et fit du bras et de la tête un signe pour lui défendre d'en approcher; ensuite il étendit la main vers la route qui conduisait au sud, et son geste semblait lui enjoindre de partir à l'instant dans cette direction. Un moment après, cette figure, portant le plaid national, disparut. Hamish ne dit pas précisément *s'évanouit*, parce qu'il y avait dans cet endroit des rochers et des arbres rabougris en assez grande quantité pour l'avoir caché; mais il pensa qu'il avait vu l'esprit de Mac-Tavish-Mhor l'avertissant de commencer à l'instant son voyage pour Dunbarton, sans attendre jusqu'au lendemain matin, et sans revoir la hutte de sa mère.

En effet, il pouvait arriver tant d'accidens pour retarder son voyage, surtout dans un pays où il y avait tant de passages de bac, qu'il forma la ferme résolution, quoiqu'il ne pût se déterminer à partir sans prendre congé de sa mère, de ne rester près d'elle que le temps nécessaire pour lui faire ses adieux, afin que, le jour suivant, le premier rayon du soleil le vît parti, et ayant fait plusieurs milles dans son voyage pour Dunbarton. Il descendit donc le sentier, et, entrant dans la cabane, il communiqua, d'un ton presque brusque et troublé, qui indiquait l'agitation de son esprit, sa résolution de partir à l'instant. A sa surprise, Elspat parut ne pas combattre son dessein, mais elle le pressa de prendre quelque nourriture avant de la quitter pour jamais. Il le fit à la hâte et en silence, pensant à leur prochaine séparation, et cependant croyant à peine qu'elle aurait lieu sans qu'il eût encore une fois à lutter contre la tendresse maternelle. Cependant, à son grand étonnement, elle emplit de liqueur la coupe du départ.

— Pars, dit-elle, mon fils, puisque telle est ta ferme résolution; mais auparavant, reste encore un instant près du foyer de ta mère; il y aura long-temps que la flamme aura cessé d'y briller, lorsque ton pied reviendra fouler la terre qui en forme le sol.

— A votre santé, ma mère, dit Hamish; et puissions-nous nous revoir heureux, malgré vos sinistres présages!

— Il vaudrait mieux ne pas nous quitter, dit sa mère l'observant d'un œil attentif, tandis qu'il vidait la coupe, dans laquelle il aurait considéré comme de mauvais augure de laisser une seule goutte de liqueur.

— Maintenant, dit-elle à demi-voix entre ses dents, pars, si tu peux partir.

— Ma mère, dit Hamish en replaçant sur la table la coupe qu'il venait de vider, cette liqueur est agréable au goût, mais elle ôte la force qu'elle aurait dû donner.

— Tel est le premier effet qu'elle produit, mon fils, répliqua Elspat; mais couchez-vous sur ce lit de bruyère, fermez les yeux pour quelques instans, et le sommeil d'une heure vous rendra plus de forces que le repos ordinaire de trois nuits entières, si l'on pouvait les unir en une seule.

— Ma mère, dit Hamish sur le cerveau de qui la potion produisait maintenant un effet rapide, donnez-moi ma toque; il faut que je vous embrasse et que je parte. Cependant il me semble que mes pieds sont cloués à la terre.

— Je vous assure, dit sa mère, que vous vous trouverez bien dans un instant, si vous voulez vous coucher une demi-heure; il y a encore huit heures jusqu'à l'aurore, et quand elle paraîtra, il restera assez de temps pour que le fils de votre père commence un tel voyage.

— Il faut que je vous obéisse, ma mère, je sens qu'il le faut, dit Hamish en balbutiant; mais appelez-moi lorsque la lune se lèvera.

Il s'assit sur le lit, se pencha en arrière, et s'endormit presque aussitôt. Palpitant de joie, comme une personne qui a accompli une entreprise difficile, Elspat se mit à arranger affectueusement le plaid du jeune homme endormi, auquel son extravagante tendresse devait être si fatale; manifestant pendant cette occupation les transports de sa joie par un accent qui exprimait à la fois l'amour maternel et le triomphe de l'amour-propre.

— Oui, dit-elle, agneau de mon cœur, la lune se lèvera et se couchera pour toi, ainsi que le soleil; mais non pour éclairer tes pas loin de la terre de tes pères, ou pour t'exciter à servir le prince étranger ou l'ennemi de ta race!... Jamais je ne serai livrée à un fils de Dermid pour être nourrie comme une esclave; mais celui qui fait ma vie et mon orgueil sera mon gardien et mon protecteur. On dit que le pays des montagnes est changé; mais je vois le Ben-Cruachan élever dans les cieux sa tête altière aussi haut que jamais. — Personne n'a encore gardé ses troupeaux dans le bassin profond du lac Awe, — et le chêne que l'on voit là-bas ne se courbe pas encore comme un saule. Les enfans des montagnes seront tels qu'étaient leurs pères jusqu'à ce que les montagnes elles-mêmes soient mises de niveau avec les vallées. Dans ces forêts sauvages qui suffisaient naguère pour nourrir des milliers de braves, sans doute il reste encore quelque subsistance et quelque abri pour une vieille femme et pour un brave jeune homme de la race ancienne et conservant les mœurs d'autrefois.

Tandis que la mère triomphait ainsi, dans son erreur, du succès de son stratagème, on peut dire au lecteur qu'il était fondé sur la connaissance des drogues et des simples, qu'Elspat, habile dans tous les arts qui avaient rapport à la vie sauvage qu'elle menait, possédait à un degré extraordinaire, et qu'elle mettait en pratique pour différens objets. Avec les herbes qu'elle savait choisir aussi bien que distiller, elle avait le talent de guérir plus de maladies que ne pourrait le croire aisément un médecin ordinaire. Elle en employait quelques-unes à teindre le tartan de diverses couleurs; avec d'autres elle composait des liqueurs de différentes vertus, et malheureusement elle savait en préparer une qui était un violent soporifique : c'était sur les effets de cette dernière potion, comme le lecteur doit sans doute se l'être imaginé, qu'elle comptait pour retenir Hamish au-delà du terme marqué pour son retour ; et elle se flattait que l'horreur que lui ferait éprouver la crainte de la punition à laquelle il se trouverait ainsi exposé l'empêcherait de retourner à son régiment.

Pendant cette nuit terrible, Hamish Mac-Tavish fut plongé dans un sommeil profond, plus profond que ne l'est un repos ordinaire ; mais il n'en fut pas ainsi de sa mère. A peine fermait-elle les yeux un moment, qu'elle se réveillait en sursaut, craignant que son fils ne se fût levé et ne fût parti ; et ce n'était qu'en se rapprochant de la couche sur laquelle il dormait, et en l'entendant respirer régulièrement et avec force, qu'elle se rassurait sur la sécurité du repos dans lequel il était plongé.

Cependant elle craignait encore que l'aurore ne vînt à l'éveiller, malgré la vertu narcotique de la potion dont elle avait rempli sa coupe. S'il restait quelque espoir qu'un mortel pût accomplir ce voyage, elle était sûre que Hamish l'entreprendrait, quand il devrait mourir de fatigue sur la route. Agitée par cette nouvelle crainte, elle s'efforça d'écarter la lumière, en bouchant toutes les fentes et toutes les crevasses, qui, plutôt que toute autre entrée régulière, pouvaient offrir aux rayons du matin un passage dans sa misérable habitation ; soin dont l'objet était d'y retenir, au milieu de la pauvreté, celui à qui elle aurait avec joie donné le monde entier si elle en avait été maîtresse.

Tous ces soins étaient superflus ! Le soleil parcourut les cieux, et le cerf le plus agile de Breadalbane, poursuivi par les chiens, n'aurait pu, pour se sauver la vie, courir aussi vite que Hamish l'aurait dû faire pour arriver au temps désigné. La veuve de Tavish-Mhor avait complètement atteint son but. — Le retour de son fils au terme fixé était impossible. Elle crut également impossible qu'il songeât jamais à retourner, se trouvant, comme il devait l'être maintenant, exposé au danger d'une punition infamante. Peu à peu, à différentes fois, elle avait obtenu de lui une connaissance parfaite de ce qu'il avait à redouter s'il manquait de paraître au jour fixé, et du faible espoir qu'il avait d'être traité avec indulgence.

Tout le monde sait que le grand et sage comte de Chatam (1) se glorifiait d'avoir trouvé le moyen de rassembler, pour la défense des colonies, ces vaillans montagnards, qui, avant lui, avaient été des objets de crainte et de soupçon pour chaque administration. Mais les habitudes et le caractère particulier de ce peuple apportèrent quelques obstacles à l'exécution de son projet patriotique. Par caractère et par habitude, tous les Highlanders avaient coutume de porter les armes; mais en même temps ils ne connaissaient nullement la gêne que la discipline impose aux troupes régulières, et elle leur était insupportable. Ils formaient une espèce de milice qui ne pouvait concevoir qu'un camp fût son unique demeure. S'ils perdaient une bataille, ils se dispersaient pour se sauver et pour veiller au salut de leur famille; s'ils remportaient une victoire, ils retournaient au fond de leurs vallées pour y porter leur butin, et s'occuper du soin de leurs bestiaux et de

---

(1) Le père de Pitt. — Éd.

leurs fermes. Ce privilège d'aller et de venir au gré de leur bon plaisir était si grand à leurs yeux, qu'ils ne voulaient pas en être privés, même par leurs Chefs, qui, sous beaucoup d'autres rapports, avaient sur eux une autorité si despotique. La conséquence nécessaire qui en résulta fut que les recrues nouvellement faites dans les Highlands purent difficilement comprendre la nature d'un engagement militaire qui forçait un homme à servir dans l'armée plus long-temps qu'il ne le jugeait à propos; et peut-être arrivait-il souvent qu'en les enrôlant on ne prenait pas assez de soin pour leur expliquer la durée de l'engagement auquel ils s'assujettissaient, de peur qu'une telle découverte ne changeât leur résolution. Il y eut donc de nombreuses désertions dans le régiment qu'on venait de lever, et le vieux général qui commandait à Dunbarton ne vit rien de mieux pour les réprimer que d'ordonner qu'on fît un exemple extraordinaire d'un déserteur anglais. Le régiment des jeunes montagnards fut obligé d'assister à la punition, ce qui frappa d'horreur et de dégoût des hommes particulièrement jaloux de l'honneur personnel, et qui en indisposa naturellement plusieurs contre le service militaire. Mais le vieux général, qui avait étudié la discipline dans les guerres d'Allemagne, n'en persista pas moins dans son opinion, et annonça dans l'ordre du jour que le premier montagnard qui déserterait, ou qui manquerait de paraître à l'expiration de son congé, passerait par les verges, et serait puni comme le coupable dont on avait vu le châtiment. Personne ne doutait que le général ne tînt scrupuleusement sa parole chaque fois que la sévérité devenait nécessaire, et Elspat savait donc que son fils, une fois qu'il s'apercevrait qu'il lui était impossible d'obéir aux ordres du général, devrait en même temps considérer comme inévitable la punition dégradante décrétée contre la désertion, s'il venait à se replacer sous le pouvoir de ce chef.

Lorsque midi fut passé, de nouvelles craintes s'élevèrent dans l'esprit de cette femme isolée. Son fils dormait encore par suite de l'influence du narcotique ; mais que faire si sa santé ou sa raison venaient à souffrir d'une dose plus forte qu'aucune de celles qu'elle avait jamais vu donner? Pour la première fois aussi, malgré la haute idée qu'elle avait de l'autorité maternelle, Elspat commença à redouter le ressentiment de son fils, envers qui son cœur lui disait qu'elle avait mal agi. Depuis peu l'humeur d'Hamish était moins docile, et ses résolutions, surtout depuis son enrôlement, étaient formées avec indépendance et exécutées avec fermeté. Elle se rappela la sévère obstination de son père lorsqu'il se croyait offensé, et commença à craindre que Hamish, en découvrant qu'elle l'avait trompé, ne vînt à s'en venger au point de l'abandonner et de poursuivre seul sa carrière dans le monde. Telles furent les craintes alarmantes auxquelles cette malheureuse femme commençait à se livrer après le succès apparent de son stratagème.

La soirée approchait lorsque Hamish s'éveilla pour la première fois ; mais alors il était bien loin d'avoir l'usage entier des facultés de son esprit ou de son corps. Ses paroles vagues et son pouls agité causèrent d'abord de grandes inquiétudes à Elspat ; mais elle employa les remèdes que lui suggéra sa science en médecine ; et, dans le cours de la nuit, elle eut la satisfaction de le voir encore une fois plongé dans un sommeil profond, qui sans doute fit disparaître la plus grande partie des effets du narcotique, car vers le temps où le soleil paraissait sur l'horizon, elle l'entendit se lever et lui demander sa toque. Elle l'avait écartée à dessein, de peur qu'il ne vînt à s'éveiller et à partir pendant la nuit sans qu'elle s'en aperçût.

— Ma toque! ma toque! cria Hamish, il est temps que je vous dise adieu. Ma mère, votre boisson était trop forte; — le soleil est levé; — mais demain matin je n'en verrai pas moins le double sommet de l'antique Dun (1). — Ma toque! ma toque! Ma mère, il faut que je parte à l'instant. — Ces paroles firent voir clairement que le pauvre Hamish ne savait pas qu'il s'était écoulé deux nuits et un jour depuis qu'il avait vidé la coupe fatale, et Elspat eut maintenant à entreprendre une tâche qui lui sembla presque aussi dangereuse qu'elle lui était pénible, celle d'expliquer la ruse qu'elle avait employée.

— Pardonnez-moi, mon fils, dit-elle en s'approchant de Hamish, et en le prenant par la main avec un air de déférence et de crainte qu'elle n'avait peut-être jamais montré à son père, même lorsqu'il était dans ses accès d'humeur.

— Vous pardonner, ma mère! — eh quoi! dit Hamish en riant, — de m'avoir donné une trop forte dose de liqueur dont ma tête se ressent encore ce matin, ou d'avoir caché ma toque afin de me retenir un peu plus

---

(1) Dun-Barton. — Éd.

long-temps? C'est bien plutôt à moi de vous demander pardon. Donnez-moi la toque, et souffrez que je fasse ce qui est maintenant indispensable. Donnez-moi ma toque, ou je vais m'en passer et partir. Certes je ne me laisserai pas retarder faute d'un objet si peu important, — moi qui n'ai eu, durant des années entières, qu'une lanière de cuir de daim pour lier mes cheveux par derrière. Ne plaisantez pas, ma mère, mais donnez-la-moi, ou bien il me faut partir nu-tête, puisqu'il m'est impossible de rester.

— Mon fils, dit Elspat en lui tenant fortement la main, ce qui est fait ne peut s'empêcher. Quand vous emprunteriez les ailes de l'aigle, vous arriveriez au Dun trop tard pour ce que vous désirez, — trop tôt pour ce qui vous y attend. Vous croyez voir le soleil se lever pour la première fois depuis que vous l'avez vu se coucher; mais hier il s'est montré au-dessus du Ben-Cruachan, quoique vos yeux fussent fermés à sa lumière.

Hamish jeta sur sa mère un regard farouche de terreur, mais revenant aussitôt à lui-même, il dit: — Je ne suis pas un enfant pour être détourné de mon dessein par de telles ruses. — Adieu, ma mère; chaque instant est aussi précieux que la vie.

— Arrête, dit-elle, mon cher fils! Ne cours pas à ton infamie et à ta perte, mais laisse-toi détromper. — Je vois là-bas le prêtre qui monte la grande route sur son cheval blanc; va lui demander le jour du mois et de la semaine: qu'il décide entre nous.

Aussi rapide que l'aigle, Hamish vola au haut de la colline, et s'arrêta près du ministre de Glenorquhy, qui allait ainsi, de bon matin, porter des consolations à une malheureuse famille près de Bunawe.

L'homme de bien fut un peu effrayé de voir un montagnard armé, ce qui était si rare alors, et paraissant en proie à la plus vive agitation, arrêter son cheval par la bride, et lui demander d'une voix défaillante quel était le jour de la semaine et du mois. — Si vous aviez été où vous deviez être hier, jeune homme, répondit l'ecclésiastique, vous auriez su que c'était le sabbat du Seigneur, et que c'est aujourd'hui lundi, deuxième jour de la semaine et vingt-unième du mois.

— Est-il bien vrai? dit Hamish.

— Aussi vrai, répondit le ministre surpris, qu'il est vrai que je prêchai hier la parole de Dieu dans cette paroisse. — Qu'avez-vous, jeune homme? — Êtes-vous malade? — Êtes-vous dans votre bon sens?

Hamish ne fit point de réponse; il répéta seulement en lui-même les premières paroles de l'ecclésiastique : — Si vous aviez été où vous deviez être hier; — et en parlant ainsi, il lâcha la bride, quitta la route, et descendit le sentier conduisant à la hutte, avec l'air et le pas d'un homme qui marche à l'échafaud. Le ministre surpris le suivit des yeux; mais quoiqu'il connût l'habitante de la chaumière, le caractère d'Elspat l'avait détourné d'avoir des relations avec elle, parce qu'elle passait généralement pour papiste, ou plutôt pour une personne indifférente à toute religion, à l'exception de quelques pratiques superstitieuses qu'elle tenait de ses parens. Le révérend M. Tyrie avait donné quelques soins à l'instruction de Hamish lorsque l'occasion s'en était présentée, et si la semence était tombée au milieu des ronces et des épines avec un caractère comme le sien, elle n'avait cependant pas été tout-à-fait stérile et perdue. Il y avait quelque chose de si lugubre dans l'expression actuelle des traits du jeune homme, que le vertueux ecclésiastique fut tenté de descendre à la chaumière, et de s'informer s'il n'était pas arrivé à ceux qui l'habitaient quelque malheur dans lequel sa présence pût être consolante ou son ministère utile. Malheureusement il ne persévéra pas dans cette résolution, qui aurait pu empêcher un bien fatal événement, attendu qu'il serait probablement devenu médiateur pour l'infortuné jeune homme. Mais le souvenir de l'humeur sauvage de ces montagnards, qui avaient été élevés dans les anciennes mœurs du pays, l'empêcha de s'intéresser à la veuve et au fils du brigand redouté Mac-Tavish Mhor, et lui fit manquer une occasion de faire beaucoup de bien, qu'il regretta vivement dans la suite.

Lorsque Hamish Mac-Tavish rentra dans la hutte de sa mère, ce ne fut que pour se jeter sur le lit qu'il avait quitté; et, prononçant ces mots : — perdu! perdu! il exhala, par des cris de douleur et de colère, le ressentiment profond qu'il éprouvait du stratagème qu'elle avait mis en usage contre lui, et de sa cruelle situation.

Elspat s'attendait à la première explosion de la colère de son fils, et dit en elle-même : — Ce n'est que le torrent de la montagne enflé par une pluie d'orage. Asseyons-nous et reposons-nous sur la rive; quoiqu'il soit maintenant débordé, nous pourrons bientôt le passer à pied sec. Ses plaintes et ses reproches qui, même au milieu de son angoisse, offraient un mélange de respect et d'affection, elle les laissa expirer sans y répondre ; et lorsque enfin il eut épuisé toutes les exclamations de chagrin que fournit à l'homme souffrant la langue toujours abondante des sentimens du cœur, et qu'il resta plongé dans un sombre silence, elle le laissa ainsi près d'une heure avant de s'approcher de la couche sur laquelle il était étendu.

— Maintenant, dit-elle d'une voix où l'autorité maternelle était adoucie par la tendresse, — avez-vous épuisé vos inutiles regrets? êtes-vous capable de comparer ce que vous avez gagné à ce que vous avez perdu? Est-ce que le fils perfide de Dermid est votre frère, ou le père de votre tribu, pour que vous pleuriez ainsi parce que vous ne pouvez vous attacher à son baudrier et devenir un de ceux qui doivent exécuter ses ordres? Pourriez-vous trouver dans un pays éloigné les lacs et les montagnes que vous laisseriez ici? pourriez-vous chasser le daim de Breadalbane dans les forêts de l'Amérique, ou trouver dans l'Océan le saumon aux écailles d'argent que vous pêchez dans l'Awe? Considérez donc quelle est votre perte, et, en homme sage, comparez-la à ce que vous avez gagné.

— J'ai tout perdu, ma mère, répliqua Hamish, — puisque j'ai manqué à ma parole et perdu mon honneur. Je pourrais raconter mon histoire, mais qui voudrait, ah! qui voudrait me croire? — L'infortuné jeune homme joignit les mains, et, les pressant contre son front, se cacha le visage sur le lit.

Elspat fut alors réellement alarmée, et peut-être regretta-t-elle d'avoir eu recours à son fatal artifice. Elle n'avait d'espoir ou de refuge que dans l'éloquence de la persuasion, qu'elle possédait à un très-haut degré, quoique son ignorance totale du monde, tel qu'il existait alors, en rendît l'énergie infructueuse. Elle pressa son fils, par toutes les épithètes que put trouver la tendresse d'une mère, de prendre soin de sa propre sûreté.

— Laissez-moi, dit-elle, déjouer ceux qui vous poursuivent. Je vous sauverai la vie, — je vous sauverai l'honneur, — je leur dirai que mon Hamish aux blonds cheveux est tombé du haut du Corrie Dhu (1) dans un gouffre dont les yeux de l'homme n'ont jamais vu le fond. Je leur dirai cela, et je jetterai votre plaid sur les épines qui croissent sur le bord du précipice, afin qu'ils croient mes paroles. Ils y croiront, et ils iront revoir le double sommet du Dun; car quoique le tambour des Saxons puisse appeler les vivans à la mort, il ne peut rappeler les morts sous leur servile étendard. Alors nous voyagerons ensemble bien loin vers le nord, jusqu'aux lacs salés de Kintail, et nous mettrons des vallées et des montagnes entre nous et les fils de Dermid. Nous irons voir les rivages du lac noir, et ma famille, — car ma mère ne descendait-elle pas des enfans de Kenneth, et ne nous reconnaîtront-ils pas, avec leur ancienne affection? Dans ces vallées lointaines les montagnards conservent encore toute leur noblesse, séparés des Saxons grossiers et de la race de ces hommes vils qui en sont les instrumens et les esclaves.

L'énergie d'une langue un peu hyperbolique, même dans ses expressions les plus ordinaires, parut presque trop faible pour fournir à Elspat les moyens de faire ressortir aux yeux de son fils le brillant tableau du

(1) La montagne noire. — Éd.

pays où elle lui proposait de se réfugier. Cependant il lui fallait peu de couleurs pour peindre son paradis des montagnes. — Les collines, dit-elle, — étaient plus hautes et plus magnifiques que celles de Breadalbane. — Ben-Cruachan n'était qu'un nain en comparaison de Scooroora. — Les lacs étaient plus larges, plus profonds, et remplis non-seulement de poissons, mais encore de cette espèce d'animal enchanté et amphibie qui fournit à nos lampes l'huile qui les alimente (1). — Les daims étaient plus grands et plus nombreux ; — le sanglier aux blanches défenses, dont la chasse fut toujours préférée des braves, se trouvait encore dans ces solitudes occidentales. Les hommes étaient plus nobles, plus sages et plus forts que la race dégénérée qui vivait sous les bannières des Saxons. Les filles de ce pays étaient belles, avaient des yeux bleus, des cheveux blonds et un sein de neige ; et c'était parmi elles qu'elle choisirait pour Hamish une épouse d'une race irréprochable, d'une réputation sans tache, et d'une affection sûre et vraie, qui serait dans leur chaumière d'été comme un rayon du soleil, et dans leur habitation d'hiver comme la chaleur du feu bienfaisant.

Tels furent les moyens dont elle se servit pour tâcher de calmer le désespoir de son fils, et de le déterminer, si elle le pouvait, à quitter le lieu fatal où il semblait résolu de rester. Le langage de sa rhétorique était poétique, mais, sous d'autres rapports, il ressemblait à celui que, comme d'autres mères trop tendres, elle

---

(1) Les montagnards considèrent les veaux marins comme des princes enchantés. (*Note de l'Auteur.*)

avait prodigué à Hamish lorsqu'il était enfant ou adolescent, afin de l'engager à faire quelque chose qui ne lui plaisait pas; elle parla pourtant avec plus de force, de rapidité et de véhémence, à mesure qu'elle commença à désespérer que ses paroles pussent convaincre son fils. Son éloquence ne fit aucune impression sur l'esprit de Hamish. Il connaissait beaucoup mieux qu'elle l'état actuel du pays, et il sentait que, quand même il lui serait possible de se cacher comme un fugitif, au milieu de montagnes plus éloignées, il n'y avait nulle part un seul coin de terre où il pût faire le même métier que son père, quand même il n'aurait pas adopté les idées plus justes du temps où il vivait, et l'opinion que le métier de cateran n'était plus la route des honneurs et des distinctions. Ses paroles allèrent donc frapper des oreilles fermées, et elle s'épuisa en vain pour essayer de peindre le pays des parens de sa mère, avec des couleurs qui pussent engager Hamish à l'y accompagner. Elle parla des heures entières; mais elle parla en vain. Elle ne put arracher d'autre réponse que des gémissemens, des soupirs et des sanglots, qui exprimaient l'angoisse du désespoir.

A la fin se redressant, et quittant le ton monotone avec lequel elle avait, en quelque sorte, chanté les louanges du pays qui devait leur offrir un refuge, pour prendre le langage concis et sévère de l'impatience et de la passion : — Je suis folle, dit-elle, de perdre mes paroles avec un enfant indolent, lâche et sans intelligence, qui se couche comme un chien sous les coups. Restez ici, pour recevoir vos maîtres impérieux, et soyez prêt à subir votre punition; mais ne croyez pas que les yeux de votre mère en soient jamais témoins. Je ne pourrais sans mourir voir un tel spectacle. Mes yeux ont souvent vu la mort, mais jamais le déshonneur. Adieu, Hamish! — adieu pour toujours.

A ces mots elle se précipita hors de la hutte avec la célérité d'un vanneau, et peut-être concevait-elle réellement alors le projet, qu'elle avait exprimé, de quitter son fils pour jamais. C'eût été un spectacle presque effrayant que de la voir, toute cette soirée, errer au milieu de cette solitude comme un esprit inquiet, et s'adresser à elle-même un langage qu'on ne saurait traduire. Elle courut çà et là durant des heures entières, cherchant les sentiers les plus dangereux à travers le marécage, et le long du précipice, ou sur les bords de la rivière écumante. Mais le courage qui naît du désespoir lui sauva la vie, que peut-être (quoiqu'on vît rarement dans les montagnes des suicides commis de propos délibéré) elle avait le désir de terminer. Ses pas sur le bord du précipice étaient assurés comme ceux de la chèvre sauvage. Ses yeux, dans cet état d'agitation, étaient si perçans qu'ils discernaient, même au milieu des ténèbres, les périls qu'un étranger n'aurait pu éviter en plein midi.

Elspat ne marcha pas toujours directement devant elle; autrement elle aurait bientôt été fort loin de la chaumière où elle avait laissé son fils. Mais elle décrivit une sorte de cercle, cette chaumière étant le centre où son cœur la ramenait sans cesse; et tout en errant à l'entour elle sentait qu'il était impossible d'en quitter le voisinage. Elle y retourna avec les premiers rayons du jour, et arrivée près de la porte, formée de claies, elle s'y arrêta un instant, comme si elle avait eu honte d'avoir été ramenée par une tendresse inquiète dans le lieu qu'elle avait quitté dans le dessein de n'y revenir jamais; mais il y avait encore plus de crainte et d'inquiétude dans son hésitation. — Son fils aux blonds cheveux avait peut-être souffert des effets de la potion qu'il avait prise; ses ennemis ne seraient-ils pas venus déjà le surprendre pendant la nuit? Elle ouvrit doucement la porte, et entra sans faire de bruit. Accablé de chagrins et d'inquiétude, et peut-être encore un peu livré à l'influence de la liqueur soporifique, Hamish-Bean dormait de ce sommeil profond auquel on dit que les Indiens succombent pendant l'intervalle de leurs tourmens. A peine sa mère était-elle bien sûre qu'elle le voyait maintenant sur le lit; à peine était-elle certaine qu'elle entendait le bruit de sa respiration. Elspat, le cœur palpitant, s'approcha de l'âtre, situé au centre de la hutte, où dormaient, couverts d'un morceau de tourbe, les charbons ardens du feu qui ne s'éteint jamais sur un foyer écossais, jusqu'à ce que celui qui l'occupe le quitte lui-même pour toujours.

— Faible étincelle, dit-elle en enflammant, à l'aide d'une allumette, un éclat de pin de marécages qui devait tenir lieu de chandelle (1); faible étincelle, bientôt tu seras éteinte pour toujours; et fasse le ciel que la vie d'Elspat Mac-Tavish ne dure pas plus long-temps que la tienne!

(1) Dans les marécages d'Écosse, et surtout d'Irlande, on trouve, à diverses profondeurs, des forêts entières de pins couchés horizontalement, et dont le bois, parfaitement conservé, sert à différens usages, et notamment à faire des torches. — Éd.

En parlant ainsi elle éleva la lumière étincelante vers le lit sur lequel les membres de son fils étaient encore étendus dans une posture qui permettait de douter s'il dormait ou s'il était évanoui. La lumière alla frapper ses yeux. — Il se leva aussitôt en tressaillant, fit un pas en avant avec sa dague nue à la main, comme un homme armé qui marche à la rencontre d'un ennemi mortel, et s'écria : — N'approche pas ! — Sur ta vie, n'approche pas !

— Voilà la voix et le geste de mon époux, répondit Elspat ; et je reconnais à ses paroles et à sa démarche le fils de Mac-Tavish-Mhor.

— Ma mère, dit Hamish, quittant son ton de fermeté désespérée pour en prendre un plaintif et mélancolique ; oh ! très-chère mère, pourquoi êtes-vous revenue ici !

— Demandez pourquoi la biche retourne vers son faon, dit Elspat ; pourquoi la femelle du chat sauvage de nos montagnes retourne vers son repaire et ses petits. Sachez, Hamish, que le cœur de la mère ne vit que dans le sein de l'enfant.

— En ce cas il cessera bientôt de palpiter, dit Hamish, à moins qu'il ne puisse battre dans un sein placé dans la tombe. — Ma mère, ne me blâmez pas ; si je pleure, ce n'est pas sur moi, mais sur vous ; car mes souffrances finiront bientôt, tandis que les vôtres... — Oh ! quel autre que Dieu y mettra des bornes !

Ces mots firent frémir et reculer Elspat ; mais elle reprit presque aussitôt son attitude droite et son air intrépide.

— Je te croyais un homme il n'y a qu'un instant,

dit-elle, et te voilà redevenu enfant. Écoute-moi toutefois, et quittons ensuite cette demeure ensemble. Ai-je eu quelque tort envers toi, ou t'ai-je fait quelque injure? Si cela est, ne te venge pourtant pas si cruellement. — Vois! Elspat Mac-Tavish, qui jamais ne fléchit le genou, même devant un prêtre, se prosterne devant son propre fils, et implore de lui son pardon. Et tout à coup elle se jeta à genoux devant le jeune homme, lui saisit la main, la baisa cent fois, et répéta aussi souvent, avec des accens déchirans, les plus ardentes prières pour obtenir son pardon. — Pardon, s'écria-t-elle, pardon pour l'amour des cendres de votre père. — pardon pour l'amour des douleurs que j'ai souffertes en vous portant dans mon sein, et des soins que j'ai pris pour vous élever! — Entendez, ciel, et voyez, terre, — la mère demande pardon à son enfant, et le pardon lui est refusé!

Ce fut en vain que Hamish s'efforça d'arrêter ce torrent d'expressions passionnées, en assurant sa mère, avec les protestations les plus solennelles, qu'il lui pardonnait le fatal artifice dont elle avait fait usage contre lui.

— Paroles en l'air, dit-elle; vaines protestations que vous n'employez que pour cacher la profondeur de votre ressentiment. Voulez-vous que je vous croie? Hé bien! quittez cette hutte à l'instant, et éloignez-vous d'un pays que chaque heure rend plus dangereux pour vous. — Faites ce que je vous demande, et je pourrai croire que vous m'avez pardonné; — refusez-le, et je prends de nouveau la lune et les étoiles, le ciel et la terre à témoin du ressentiment impitoyable avec lequel vous poursuivez votre mère pour une faute qui, si c'en est une, ne fut commise que par amour pour vous.

— Ma mère, dit Hamish, vous ne pouvez changer ma détermination. Je ne fuirai devant personne. Quand Barcaldine enverrait tous les montagnards qui sont sous ses bannières, c'est ici, c'est en ce lieu que je les attendrai; et lorsque vous m'ordonnez de fuir, c'est comme si vous commandiez à cette montagne de s'arracher de ses fondemens. Si j'avais su positivement par quelle route ils viennent ici, je leur aurais épargné la peine de venir m'y chercher. Mais je pourrais aller par le chemin de la montagne, tandis qu'ils viennent peut-être par celui du lac. C'est ici que j'attendrai mon sort, et il n'y a pas dans toute l'Écosse une voix assez puissante pour m'ordonner de bouger d'ici et pour me faire obéir.

— Je reste donc ici moi-même, dit Elspat se levant et parlant avec un calme qu'elle n'avait qu'en apparence : j'ai vu la mort de mon époux; mes yeux ne craindront pas de voir celle de mon fils. Mais Mac-Tavish-Mhor mourut de la mort d'un brave, tenant de la main droite sa bonne claymore; mon fils périra comme le bœuf qui est conduit à la boucherie par le Saxon qui l'a acheté pour de l'argent.

— Ma mère, dit le malheureux jeune homme, vous m'avez ôté la vie; vous en aviez le droit, puisque vous me l'aviez donnée; mais ne touchez pas à mon honneur! je le tiens d'une race de braves ancêtres, et il ne doit être souillé ni par les actions d'un homme ni par les paroles d'une femme. Ce que je ferai, peut-être l'ignoré-je encore moi-même; mais ne me tentez pas davantage par vos paroles injurieuses ; vous m'avez déjà fait plus de blessures que vous n'en pouvez jamais guérir.

— C'est bien, mon fils, répliqua Elspat. Tu n'entendras plus de moi ni plainte ni remontrance : mais gardons le silence, et attendons le sort que le ciel nous réserve.

Le lendemain matin le soleil trouva la chaumière silencieuse comme la tombe. La mère et le fils s'étaient levés, et s'occupaient chacun de leur tâche. — Hamish disposait et nettoyait ses armes avec le plus grand soin, mais avec l'air d'un abattement profond. — Elspat, plus agitée dans ses angoisses, préparait la nourriture que le malheur de la veille leur avait fait négliger durant un espace extraordinaire de temps. Aussitôt qu'elle fut apprêtée, elle la plaça sur la table devant son fils, en répétant les paroles d'un poète des montagnes : — Sans la nourriture de chaque jour, le soc de la charrue du laboureur reste immobile dans le sillon ; sans la nourriture de chaque jour, l'épée du guerrier est trop pesante pour son bras. Nos corps sont nos esclaves. Cependant nous devons les nourrir si nous voulons qu'ils nous servent. Ainsi parlait autrefois le barde aveugle aux guerriers de Fion.

Le jeune homme ne répondit rien ; mais il accepta la nourriture placée devant lui comme pour prendre des forces pour la scène à laquelle il s'attendait. Lorsque sa mère vit qu'il avait mangé suffisamment, elle emplit de nouveau la coupe fatale, et la lui offrit comme pour terminer le repas. Mais il se détourna en tressaillant, et en faisant un geste convulsif qui exprimait à la fois la crainte et l'horreur.

— Non, mon fils, dit-elle; cette fois tu n'as, je t'assure, aucun motif de crainte.

— Ne me pressez pas, ma mère, répondit Hamish; ou bien mettez dans un vase le crapaud immonde, et alors je boirai; mais dorénavant jamais je n'approcherai mes lèvres de cette coupe maudite, jamais je ne goûterai de cette liqueur qui est la perte de l'ame!

— Comme il vous plaira, mon fils, dit Elspat avec hauteur, et alors elle commença, avec l'apparence d'un grand empressement, les différens travaux domestiques qui avaient été interrompus la journée précédente. Quels que fussent les sentimens de son cœur, on aurait cru, à ses gestes et à son air, que toute inquiétude en était bannie. Ce n'était qu'à son excès d'activité et à son agitation continuelle qu'un observateur attentif aurait pu s'apercevoir que ses actions avaient pour mobile quelque sentiment pénible; il aurait pu remarquer également combien de fois elle s'interrompait au milieu d'airs et de chansons qu'elle fredonnait, apparemment sans savoir ce qu'elle faisait, pour aller jeter un coup d'œil rapide à la porte de la hutte. Quels que fussent les sentimens de Hamish, ses manières étaient directement opposées à celles de sa mère. Ayant fini de nettoyer et de préparer ses armes, ce qu'il fit dans l'intérieur de la hutte, il s'assit devant la porte, et fixa ses regards sur la colline située vis-à-vis de la chaumière, comme une sentinelle sur ses gardes qui attend l'approche d'un ennemi. Midi le trouva dans la même position, dont il n'avait point changé, et ce fut une heure après que sa mère, debout près de lui, lui posa la main sur l'épaule, et lui dit d'un ton aussi indifférent que si elle eût parlé de la visite de quelques amis : — Quand les attendez-vous ?

— Ils ne peuvent être ici avant que les ombres grandissent vers l'orient, répondit Hamish, et cela en supposant même que le détachement le plus proche, commandé par le sergent Allan Breack Cameron, ait été envoyé expressément ici de Dunbarton, ce qui est fort probable.

— En ce cas, entrez encore une fois sous le toit de votre mère, et venez-y partager la nourriture qu'elle a préparée ; après cela, qu'ils viennent, et tu verras si ta mère n'est qu'un témoin inutile ou gênant dans le moment du danger. Ta main, quelque habitude qu'elle en ait, ne saurait décharger ces armes aussi vite que je puis les charger ; et même, si cela est nécessaire, je ne crains ni la lueur de l'amorce ni le bruit du fusil, et les coups que j'ai tirés ont passé pour atteindre leur but.

— Au nom du ciel, ma mère, ne vous mêlez pas de cette affaire, dit Hamish. Allan Breack est sage et bienveillant, et il descend de bonne race. Peut-être pourra-t-il me promettre que nos officiers ne m'infligeront pas de punition infamante ; et s'ils veulent m'enfermer dans un cachot ou me faire tuer d'un coup de mousquet, soit ! j'y consens.

— Hélas ! et te fieras-tu à leurs paroles, enfant insensé ! Souviens-toi que la race de Dermid fut toujours flatteuse et pleine de fausseté ; ils n'auront pas plus tôt chargé tes mains de chaînes, qu'ils te dépouilleront pour te battre de verges.

— Épargnez-moi vos avis, ma mère, dit Hamish d'un ton sévère ; pour moi, ma résolution est prise.

Mais quoique Hamish parlât ainsi pour échapper aux importunités, je dirai presque aux persécutions de sa mère, il lui aurait été, dans ce moment, impossible de dire quelle conduite il avait résolu de tenir. Il ne s'était déterminé que sur un point, et c'était d'attendre son destin, quel qu'il pût être, sans ajouter à la faute de manquer à sa parole, dont il s'était rendu involontairement coupable, celle de chercher à échapper à la punition. Cet acte de dévouement, il croyait le devoir à son honneur et à celui de ses compatriotes. Si on le considérait comme ayant manqué à sa parole et trahi la confiance de ses officiers, auquel de ses camarades voudrait-on se fier à l'avenir? Et quel autre que Hamish-Bean Mac-Tavish serait accusé par les habitans des montagnes d'avoir légitimé et confirmé les soupçons que le général saxon entretenait, disait-on, sur leur bonne foi? Il était donc bien décidé à subir son sort. Mais avait-il l'intention de se livrer paisiblement entre les mains du détachement qui viendrait pour le saisir, ou se proposait-il de faire résistance, afin de provoquer ces troupes à le tuer sur la place : c'est une question à laquelle il aurait lui-même trouvé impossible de répondre. Le désir qu'il avait de voir Barcaldine, et de lui expliquer pourquoi il n'était pas revenu au temps fixé, le portait à adopter le premier plan de conduite; la crainte qu'il éprouvait d'une punition dégradante et des reproches amers de sa mère, l'excitait fortement à suivre le second et le plus dangereux. Il laissa au hasard le soin de le décider au moment de la crise, et il ne resta pas long-temps dans l'attente de la catastrophe.

Le soir approchait, les montagnes abaissaient vers

l'orient leurs ombres gigantesques, tandis que, vers l'occident, l'on voyait encore briller sur leurs cimes l'or et le pourpre. L'on pouvait distinguer, de la porte de la chaumière, la route qui tourne autour du Ben-Cruachan, lorsqu'un détachement de cinq soldats, dont les armes étincelaient aux rayons du soleil, se montra tout à coup dans le lointain, à l'endroit où le grand chemin est caché derrière la montagne. Un des soldats du détachement était un peu en avant des quatre autres, qui marchaient deux à deux, suivant les règles de la discipline militaire. Il était incontestable, d'après les toques, les fusils et les plaids qu'ils portaient, que c'était un détachement du régiment de Hamish, conduit par un sous-officier, et l'on ne pouvait pas douter davantage du motif qui les amenait sur les bords du lac Awe.

— Ils avancent d'un bon pas, dit la veuve de Mac-Tavish-Mhor. Je serais étonnée qu'ils s'en retournassent tous de la même manière. Mais ils sont cinq, et la différence de nombre est trop grande pour ne pas profiter de l'avantage du lieu. Retirez-vous dans la hutte, mon fils, et tirez par le trou qui est près de la porte. Vous pouvez en faire tomber deux avant qu'ils quittent la grande route pour prendre le sentier. Il n'en restera plus que trois, et votre père, avec mon assistance, a souvent résisté à un pareil nombre.

Hamish-Bean prit le fusil que lui offrait sa mère; mais il ne bougea pas de la porte de la chaumière. Il fut bientôt aperçu par le détachement qui était sur la grande route, comme il en put juger en voyant les soldats hâter le pas, sans toutefois quitter leurs rangs et sans cesser de marcher deux à deux comme des lévriers accouplés, quoiqu'ils avançassent avec une grande rapidité. En bien moins de temps qu'il n'en aurait fallu à des hommes moins accoutumés aux montagnes, ils avaient quitté la grande route, traversé le sentier étroit, et s'étaient approchés, à la portée du pistolet, de la porte de la chaumière où se trouvait Hamish, immobile comme une statue de pierre, et ayant son fusil à la main, tandis que sa mère, placée derrière lui et poussée en quelque sorte jusqu'à la frénésie par la violence de ses passions, lui reprochait, dans les termes les plus forts que le désespoir pût imaginer, son peu de résolution et sa faiblesse de cœur. Les paroles d'Elspat rendirent encore plus amer le fiel que le jeune homme sentait naître dans son cœur en observant la rapidité peu amicale avec laquelle ses anciens camarades s'avançaient vers lui comme des chiens courant sur le cerf lorsqu'il est aux abois. Les passions violentes et indomptables qu'il tenait de son père et de sa mère s'éveillèrent en lui par l'hostilité apparente de ceux qui le poursuivaient, et la contrainte que son jugement sain avait jusqu'alors imposée à ses passions commença peu à peu à céder. Le sergent lui adressa alors la parole : — Hamish-Bean Mac-Tavish, mettez bas les armes et rendez-vous.

— Et *vous*, Allau Breach Cameron, arrêtez-vous, et ordonnez à vos soldats de s'arrêter, ou bien il nous en coûtera cher à tous.

— Halte! soldats, dit le sergent en continuant lui-même à avancer. — Hamish, pensez à ce que vous faites, et rendez votre fusil; vous pouvez verser le sang, mais vous ne pouvez éviter la punition.

— Les verges, les verges, mon fils; songez aux verges, lui dit tout bas sa mère.

— Prenez garde, Allan Breack, dit Hamish. — Je serais fâché de vous faire mal, mais je ne me laisserai pas arrêter si vous ne m'assurez que je n'aurai rien à craindre des verges des Saxons.

— Fou! répondit Cameron, — vous savez que cela m'est impossible. Cependant je ferai tout ce que je pourrai. Je dirai que vous étiez en route pour rejoindre le régiment, et la punition sera légère. — Mais mettez bas votre mousquet. — En avant! soldats.

Aussitôt il se précipita lui-même en avant, étendant son bras comme pour écarter le fusil que le jeune homme dirigeait contre lui. Elspat s'écria : — Maintenant n'épargnez pas le sang de votre père pour défendre les foyers de votre père! Hamish fit feu, et Cameron tomba mort. Tous ces événemens se passèrent en quelque sorte en un instant. Les soldats se précipitèrent en avant et saisirent Hamish, qui, semblant pétrifié par ce qu'il avait fait, ne fit pas la moindre résistance. Il n'en fut pas ainsi de sa mère, qui, voyant les soldats sur le point de mettre les menottes à son fils, se jeta sur eux avec tant de fureur, qu'il fallut que deux d'entre eux la tinssent, tandis que les deux autres s'assuraient du prisonnier.

— N'êtes-vous pas une maudite créature, dit un des soldats à Hamish, d'avoir tué votre meilleur ami, qui, durant toute la marche, cherchait le moyen de vous sauver, de vous épargner le châtiment de votre désertion?

— Entendez-vous *cela*, ma mère? dit Hamish se tournant vers elle autant que ses liens pouvaient le lui permettre. Mais la mère n'entendit rien, ne vit rien. Elle s'était évanouie dans sa hutte. Sans attendre qu'elle revînt à elle-même, le détachement reprit presque aussitôt le chemin de Dunbarton avec le prisonnier. Néanmoins ces soldats crurent nécessaire de s'arrêter quelques momens au village de Dalmally, d'où ils envoyèrent un certain nombre d'habitans chercher le corps de leur chef infortuné, tandis qu'ils allèrent eux-mêmes trouver un magistrat, afin de lui déclarer ce qui était arrivé et de lui demander ses instructions relativement à la conduite qu'ils devaient tenir. Comme le crime était un crime militaire, les instructions du magistrat furent qu'ils devaient, sans délai, conduire le prisonnier à Dunbarton.

L'évanouissement de la mère de Hamish dura assez long-temps, plus long-temps peut-être qu'il n'aurait duré si sa constitution, toute forte qu'elle était, n'eût été affaiblie par l'agitation à laquelle cette femme avait été en proie pendant les trois jours précédens. Elspat fut enfin tirée de sa stupeur par la voix de quelques femmes qui chantaient le *coronach* ou chant funéraire, en battant des mains et en poussant de bruyantes acclamations, tandis que la cornemuse faisait retentir de temps à autre les sons mélancoliques d'un air lugubre particulier au clan de Cameron.

Elspat se leva tout à coup, comme une personne qui s'éveille d'entre les morts, et sans aucun souvenir distinct de la scène qui s'était passée sous ses yeux. Il y avait dans la hutte des femmes qui enveloppaient le corps de Cameron dans son plaid ensanglanté, avant de l'emporter loin de ce lieu fatal. — Femmes, dit-elle se levant tout à coup, et interrompant à la fois leurs chants et leurs occupations, dites-moi, femmes, pourquoi vous faites entendre les chants funèbres de Mac-Dhonnil-Dhu dans la maison de Mac-Tavish-Mhor?

— Louve, tais-toi, et cesse tes hurlemens sinistres, répondit une des femmes, parente du défunt; laisse-nous rendre nos devoirs à notre cousin bien-aimé. Jamais on n'entendra le *coronach* ni le *dirge* pour toi ni pour ton louveteau sanguinaire. Les corbeaux le dévoreront sur le gibet, et les renards et les chats sauvages déchireront ton cadavre sur la colline. Maudit soit celui qui bénira votre mémoire, ou qui ajoutera une pierre à votre *cairn* (1)!

— Fille d'une mère insensée, répliqua la veuve de Mac-Tavish-Mhor, — apprends que le gibet, dont tu nous menaces, ne fait point partie de notre héritage. Durant trente ans l'arbre noir de la loi a désiré avidement le corps de l'époux bien-aimé de mon cœur; mais il est mort en brave, le fer à la main, et a frustré cet arbre de ses espérances et de ses fruits.

— Il n'en sera pas ainsi de ton fils, sorcière sanguinaire, répliqua la parente affligée de Cameron, dont les passions étaient aussi violentes que celles d'Elspat elle-même. Les corbeaux arracheront ses cheveux pour garnir leur nid, avant que le soleil se soit abaissé au-dessous des îles de Treshornish.

(1) Nous avons déjà eu l'occasion de dire qu'on appelait *cairn* un monticule de pierres, élevé sur un tombeau, pour en marquer la place; tous ceux qui passaient auprès se faisaient un devoir d'y ajouter une pierre. — Éd.

Ces paroles rappelèrent à l'esprit d'Elspat toute la terrible histoire des trois derniers jours. D'abord elle resta immobile, comme si l'excès de son malheur l'eût changée en pierre; mais en un instant l'orgueil et la violence de son caractère, en se voyant, à ce qu'elle pensait, bravée dans sa propre maison, la rendirent capable de répliquer. — Oui, insolente femme, mon Hamish aux blonds cheveux peut mourir, mais ce ne sera pas sans avoir rougi sa main dans le sang de son ennemi, dans le meilleur sang d'un Cameron; souviens-toi de cela; et lorsque tu mettras ton mort dans la tombe, écris-y pour épitaphe, tu ne peux en trouver une meilleure, qu'il fut tué par Hamish-Bean, pour avoir essayé de mettre la main sur le fils de Mac-Tavish-Mhor sur le seuil même de sa porte. Adieu; que la honte de la défaite, de la perte et du meurtre, reste sur le clan qui l'a soufferte.

La parente du malheureux Cameron éleva la voix pour répliquer; mais Elspat, dédaignant de continuer plus long-temps cette querelle, ou peut-être sentant que son affliction pourrait bien triompher du pouvoir qu'elle avait d'exprimer son ressentiment, avait quitté la hutte, et s'éloignait déjà à la brillante clarté de la lune.

Les femmes qui donnaient les derniers soins aux restes de l'infortuné sergent interrompirent leur triste occupation pour suivre des yeux Elspat, dont l'ombre gigantesque disparaissait au milieu des rochers. — Je suis bien aise qu'elle soit partie, dit une des plus jeunes d'entre elles. — J'aimerais autant envelopper un mort dans son linceul en présence de Satan lui-même, — Dieu nous bénisse! — que dans la compagnie d'Elspat de l'Arbre. — Oui, oui, elle n'a eu, de son temps, que trop de commerce avec l'ennemi des hommes.

— Sotte que tu es, répondit la femme qui avait maintenu jusqu'à la fin le dialogue avec Elspat, penses-tu qu'il y ait, dessus ou dessous la terre, un ennemi pire que l'orgueil et la fureur d'une femme offensée, telle que la furie sanguinaire qui vient de partir d'ici? Apprends que le sang a été aussi familier pour elle, que l'est la rosée pour la marguerite des montagnes. Elle a fait rendre le dernier soupir à maints et maints braves à qui elle et les siens n'avaient que bien peu de chose à reprocher. Mais à présent les nerfs de ses jarrets sont coupés, puisque son louveteau, meurtrier qu'il est, doit finir en meurtrier.

Tandis que ces femmes discouraient ainsi ensemble en gardant le corps d'Allan Breach Cameron, la malheureuse, qui avait causé la mort de ce soldat poursuivait sa route solitaire à travers les montagnes. Aussi long-temps qu'elle put être aperçue de la chaumière, elle se contraignit fortement, afin que le changement de son pas ou de ses gestes ne pût procurer à ses ennemis le triomphe de calculer l'excès de son agitation — et de son désespoir. Elle marcha donc fièrement, d'un pas plutôt lent que rapide, et, se redressant, elle semblait à la fois souffrir avec fermeté le malheur passé, et défier celui qui était sur le point d'arriver. Mais lorsqu'elle fut une fois hors de la vue des personnes qui restaient dans la chaumière, elle ne put résister plus long-temps à l'impétuosité des mouvemens qui l'agitaient. S'enveloppant bizarrement de son manteau, elle s'arrêta au premier monticule qu'elle trouva, et, le gravissant jusqu'au sommet, elle étendit les bras et les éleva vers la brillante lune, comme pour accuser le ciel et la terre de ses infortunes, et elle poussa des cris perçans et multipliés, pareils à ceux d'un aigle dont les petits ont été enlevés de son aire. Elle exhala quelque temps son affliction en cris inarticulés, et ensuite continua sa route d'un pas rapide et inégal, dans le vain espoir d'atteindre le détachement qui emmenait son fils prisonnier à Dunbarton. Mais quoique ses forces parussent plus qu'humaines, elles ne lui suffirent pas pour cette tentative, et il lui fut impossible, malgré tous ses efforts, d'accomplir son dessein.

Cependant elle se pressa d'avancer avec toute la célérité dont son corps épuisé était capable. Lorsque la nourriture lui devenait indispensable, elle entrait dans la première chaumière qu'elle trouvait sur son chemin. — Donnez-moi à manger, disait-elle; je suis la veuve de Mac-Tavish-Mhor, — je suis la mère de Hamish Mac-Tavish-Bean ; — donnez-moi à manger, afin que je puisse voir encore une fois mon fils aux blonds cheveux. Jamais on ne lui refusait ses demandes, quoiqu'on les lui accordât souvent avec une espèce de lutte entre la pitié et l'aversion, sentimens qui étaient quelquefois accompagnés de crainte. On ne connaissait pas exactement la part qu'elle avait eue à la mort d'Allan Breack Cameron, qui devait entraîner celle de son propre fils; mais on savait quelle était la violence de ses passions, quelles avaient été autrefois ses habitudes; on ne doutait nullement qu'elle n'eût été, de manière ou d'autre, la cause de la catastrophe, et l'on considérait Hamish-Bean, dans le meurtre qu'il avait commis, moins comme le complice de sa mère que comme l'instrument dont elle s'était servie.

Telle était l'opinion générale des compatriotes de Hamish; mais elle ne fut guère utile à cet infortuné. Comme son capitaine, Green Colin, connaissait les mœurs et les coutumes de son pays, il n'eut pas de peine à recueillir de la bouche de Hamish les détails relatifs à sa désertion et à la mort du sous-officier. Il fut touché de la plus grande compassion pour un jeune homme qui avait ainsi été victime de la tendresse extravagante et fatale de sa mère. Mais il n'avait nulle excuse à alléguer pour soustraire cet infortuné au sort auquel l'avaient condamné la discipline militaire et la sentence d'une cour martiale, en châtiment de son crime.

Peu de temps avait suffi pour instruire le procès, et il ne s'en écoula pas davantage entre la sentence et l'exécution. Le général — avait résolu de faire un exemple sévère du premier déserteur qui tomberait en son pouvoir, et il en avait un qui avait eu recours à la force pour se défendre, et qui en se défendant avait tué le sous-officier envoyé pour l'arrêter. Il aurait été impossible de trouver un coupable qui méritât mieux sa punition, et Hamish fut condamné à être exécuté immédiatement. Tout ce que l'influence de son capitaine put obtenir en sa faveur, fut qu'il mourrait de la mort d'un soldat; car il avait été question du gibet.

Le digne ministre de Glenorquhy (1) était par hasard à Dunbarton, à la suite de quelque assemblée ecclé-

---

(1) On croit que ce digne ministre, que l'auteur évite de nommer, était le révérend docteur Mac-Entyre, qui a laissé dans les Highlands une grande réputation de vertu et de bonté. — Éd.

siastique, à l'époque de cette catastrophe. Il visita son malheureux paroissien dans le cachot où il était détenu : il le trouva ignorant sans doute, mais non pas obstiné; et les réponses qu'il en reçut, en conversant avec lui sur des matières religieuses furent telles, qu'il regretta doublement qu'un esprit naturellement pur et noble fût resté malheureusement sauvage et inculte.

Lorsqu'il se fut assuré du caractère et des dispositions réelles du jeune homme, ce digne ecclésiastique fit de tristes et profondes réflexions sur sa propre timidité et sa mauvaise honte, qui, naissant du mauvais renom attaché à la race de Hamish, l'avaient empêché de faire des efforts charitables pour amener au bercail cette brebis égarée. Tandis que ce bon ministre se reprochait sa faiblesse passée, qui l'avait empêché de risquer sa personne pour sauver peut-être une ame immortelle, il résolut de ne plus se laisser gouverner par de si timides conseils, mais de s'efforcer, en s'adressant à ses officiers, d'obtenir le pardon du criminel, ou du moins un sursis à l'exécution de la sentence d'un infortuné pour qui il éprouvait un intérêt si extraordinaire, tant à cause de la docilité de son caractère que par suite de la générosité de ses dispositions.

En conséquence, le ministre alla trouver le capitaine Campbell aux casernes de la garnison. Il régnait sur le front de Green Colin une sombre mélancolie qui, loin de diminuer, ne fit que s'accroître lorsque le ministre lui eut fait connaître son nom, sa qualité et l'objet de sa visite. — Vous ne pouvez rien me dire de ce jeune homme que je ne sois disposé à croire, répondit l'officier montagnard; — vous ne pouvez me demander de faire en sa faveur plus que je ne le désire, plus que je ne me suis déjà efforcé de faire moi-même; mais tout est inutile. Le général — appartient moitié aux terres basses, moitié à l'Angleterre. Il n'a aucune idée de la hauteur et de l'enthousiasme de caractère par lesquels on voit souvent, dans ces montagnes, des vertus exaltées mises en contact avec de grands crimes, qui cependant sont moins des fautes du cœur que des erreurs du jugement. J'ai été jusqu'à lui dire qu'en faisant exécuter ce jeune homme il allait mettre à mort le meilleur et le plus brave soldat de ma compagnie, dans laquelle il n'y a peut-être pas un soldat qui ne soit honnête et brave. Je lui ai expliqué quel étrange artifice avait occasioné la désertion apparente de l'accusé, et combien peu son cœur avait eu de part au crime que sa main avait malheureusement commis. Il a répondu à cela : — Il y a des visions highlandaises, capitaine Campbell, aussi vaines et aussi peu satisfaisantes que celles de la seconde vue. Un acte de désertion formelle peut toujours se pallier par un prétexte d'ivresse; le meurtre d'un officier peut aisément se colorer de l'excuse de folie. Il faut faire un exemple, et si celui qui doit en servir est d'ailleurs un bon soldat, sa mort n'en produira que plus d'effet. — Puisque tel est le dessein immuable du général, continua le capitaine Campbell en soupirant, ayez soin, M. Tyrie, de préparer votre pénitent à subir demain, à la pointe du jour, ce grand changement qui doit tôt ou tard s'opérer en nous.

— Et auquel, dit l'ecclésiastique, je prie Dieu de vouloir nous préparer tous aussi bien que je tâcherai de m'acquitter de mon devoir à l'égard de ce pauvre jeune homme.

Le lendemain matin, aussitôt que les premiers rayons du soleil saluèrent les tours grisâtres qui couronnent le sommet de ce rocher singulier et effrayant, les soldats du nouveau régiment montagnard parurent sur la parade, dans l'intérieur du château de Dunbarton ; et, s'étant rangés en ordre, ils commencèrent à descendre les escaliers rapides et les passages étroits qui conduisent vers la porte extérieure, au bas même du rocher (1). Les sons sauvages du pibroch se faisaient entendre de temps en temps, et étaient remplacés par ceux des tambours et des fifres qui battaient la marche funèbre.

Le sort du malheureux criminel n'excita pas d'abord dans le régiment cette pitié générale qu'il aurait sans doute fait naître s'il n'avait été exécuté que pour désertion. Le meurtre de l'infortuné Allan Breack avait donné à l'offense de Hamish une couleur différente ; car le sergent était fort aimé, et appartenait en outre à un clan nombreux et puissant qui comptait beaucoup de soldats dans les rangs. L'infortuné criminel, au contraire, était peu connu des soldats de son corps, et il n'était lié avec presque aucun d'entre eux. Son père avait été, il est vrai, renommé pour sa force et son courage ; mais il était d'un clan brisé, comme on appelait ceux qui n'avaient pas de Chef pour les conduire au combat.

Il aurait été presque impossible, en tout autre cas, de faire sortir des rangs du régiment le détachement nécessaire pour l'exécution de la sentence ; mais les six individus qui avaient été choisis étaient amis du défunt,

(1) Voyez la neuvième livraison des *Vues pittoresques d'Écosse*.
Éd.

et descendaient comme lui de la race de Mac-Dhonnil-Dhu; ce ne fut donc pas sans un sentiment de vengeance satisfaite qu'ils se préparaient à la tâche fatale que leur imposait leur devoir. La première compagnie du régiment commença alors à défiler, et fut suivie des autres, chacune s'avançant ou s'arrêtant selon les ordres de l'adjudant, de manière à former trois côtés d'un carré long, le visage des soldats tourné vers l'intérieur du carré. Le quatrième, ou le côté vide du carré, était fermé par le rocher escarpé et effrayant sur lequel s'élève le château. Au centre du cortège, on voyait marcher nu-tête, désarmée et les mains liées, la malheureuse victime de la loi militaire. Une pâleur mortelle couvrait son visage; mais ses pas étaient assurés, et ses yeux aussi brillans que jamais. Près de lui marchait le ministre; en avant, on portait le cercueil qui devait recevoir ses dépouilles mortelles. Ses camarades avaient un air calme, grave et solennel; ils étaient émus de pitié pour le jeune homme dont la taille élégante, l'air mâle, et pourtant soumis, avaient, aussitôt qu'il avait pu être vu distinctement, adouci les cœurs d'un grand nombre d'entre eux, même de quelques-uns de ceux qui s'étaient livrés à des sentimens de vengeance.

Le cercueil destiné à recevoir le corps encore vivant de Hamish-Bean fut posé au bout du carré, à environ une toise du pied du rocher, qui, en ce lieu, s'élève perpendiculairement, comme un mur de pierre, jusqu'à la hauteur de trois ou quatre cents pieds. On y conduisit aussi le prisonnier, toujours accompagné de l'ecclésiastique, qui l'exhortait à prendre courage, et lui prodiguait des consolations que le jeune homme semblait écouter avec dévotion et respect. Alors le détachement qui devait faire feu, marchant d'un pas lent, et, à ce qu'il semblait, presque à contre-cœur, entra dans le carré, et fut aligné en face du prisonnier, environ à cinq toises de distance. Le ministre était sur le point de se retirer : — Pensez, mon fils, disait-il, à ce que je vous ai dit, et reposez votre espoir sur l'ancre que je vous ai présentée. Vous échangerez alors une courte et misérable existence pour une vie où vous n'éprouverez ni peines ni chagrins. — Y a-t-il quelque autre chose que je puisse faire pour vous ?

Le jeune homme jeta les yeux sur les boutons de ses manches. Ils étaient d'or, et avaient peut-être été pris par son père à quelque officier anglais pendant les guerres civiles. Le ministre les détacha.

— Ma mère ! dit-il avec quelque effort, donnez-les à ma pauvre mère ! — Voyez-la, mon bon père, et apprenez-lui ce qu'elle doit penser de tout ceci. Dites-lui que Hamish-Bean éprouve plus de joie de mourir que jamais il n'en éprouva de se reposer après le plus long jour de chasse. Adieu, monsieur, — adieu.

A peine le digne ministre eut-il la force de s'éloigner du lieu fatal ; un officier l'aida de son bras à se soutenir. Lorsqu'il porta pour la dernière fois ses regards vers Hamish, il l'aperçut à genoux sur le cercueil ; le peu de personnes qui l'entouraient s'étaient retirées. L'ordre fatal fut donné, le rocher retentit du son bruyant de l'explosion, et Hamish, tombant avec un gémissement, mourut, probablement sans presque sentir l'angoisse passagère qui termina ses jours.

Alors dix ou douze soldats de sa compagnie s'approchèrent, et posèrent avec une sorte de vénération solennelle les restes de leur camarade dans le cercueil, tandis qu'on battait de nouveau la marche funèbre, et que les soldats des différentes compagnies, marchant à la file, passaient un à un près du cercueil, afin que tous pussent recevoir du spectacle terrible qu'ils avaient sous les yeux l'avertissement qu'il était particulièrement destiné à leur donner. Le régiment se remit alors en marche et remonta l'ancien rocher, la musique, suivant l'usage en pareilles occasions, faisant retentir l'air de sons joyeux, comme si chagrins ou soucis ne devaient jamais faire que passer dans le cœur d'un soldat.

En même temps le faible détachement dont nous avons parlé emporta le corps de l'infortuné Hamish à son humble tombe, creusée dans un coin du cimetière de Dunbarton, ordinairement réservé pour les criminels. Là, au milieu de la poussière des coupables, gît un jeune homme dont le nom, s'il avait survécu aux événemens funestes qui le précipitèrent dans le crime, aurait pu orner les annales des braves.

Le ministre de Glenorquhy quitta Dunbarton immédiatement après avoir vu la dernière scène de cette catastrophe mélancolique. Sa raison acquiesça à la justice de la sentence qui avait ordonné que le prix du sang fût payé par le sang, et il reconnut que le caractère vindicatif de ses compatriotes avait besoin d'être retenu par le frein puissant de la loi sociale. Cependant il pleura l'individu qui en avait été la victime. Qui peut accuser la foudre céleste lorsqu'elle éclate au milieu des enfans de la forêt ! et pourtant, qui peut s'empêcher de gémir lorsqu'elle va renverser le tronc superbe d'un jeune chêne qui promettait d'être l'orgueil de la vallée qui l'avait vu naître? Il méditait encore sur ces événemens mélancoliques, lorsque, à midi, il se trouva engagé dans les défilés de la montagne par où il devait retourner à sa maison, encore éloignée.

Plein de confiance dans sa connaissance du pays, le ministre avait quitté la grand'route pour prendre un de ces sentiers plus courts, ordinairement fréquentés par les piétons seuls ou par les personnes montées sur ces chevaux du pays qui, malgré leur petitesse, ont le pied sûr, et sont aussi forts qu'intelligens. Le lieu qu'il traversait en ce moment était, par son aspect, triste et désert, et des traditions superstitieuses l'avaient rendu effrayant; car on prétendait qu'on y voyait souvent, sous la forme d'une femme, un esprit malin appelé *Cloght-Dearg*, c'est-à-dire Manteau-Rouge, qui, ennemi des hommes et des êtres inférieurs de la création, traversait la vallée à toute heure, mais particulièrement à midi et à minuit, pour faire tout le mal que lui permettait sa fatale nature, et qui frappait de terreur ceux à qui il ne pouvait nuire autrement.

Le ministre de Glenorquhy s'était déclaré ouvertement contre la plupart de ces superstitions, qu'il regardait avec raison comme nées des siècles ténébreux du papisme, peut-être même de ceux du paganisme, et comme ne méritant ni l'attention ni la croyance des chrétiens d'un siècle éclairé. Quelques-uns de ses paroissiens les plus attachés à sa personne l'accusaient de témérité en le voyant s'opposer à l'ancienne foi de leurs pères, et quoiqu'ils honorassent l'intrépidité morale de leur pasteur, ils ne pouvaient s'empêcher d'entretenir et de témoigner des craintes qu'il ne fût un jour victime de son imprudence, et qu'il ne fût mis en pièces dans la vallée du Cloght-Dearg, ou dans quelque autre de ces lieux déserts et hantés, qu'il semblait traverser avec plus d'orgueil et de plaisir les jours et les heures où l'on supposait que les mauvais esprits avaient un pouvoir particulier sur les hommes et les animaux.

Ces légendes revinrent à l'esprit de l'ecclésiastique; et, dans la solitude où il se trouvait, un sourire mélancolique se dessina sur ses lèvres lorsqu'il songea à l'inconséquence de la nature humaine, et qu'il réfléchit sur le grand nombre de braves que le son martial du pibroch aurait fait courir tête baissée au milieu de baïonnettes dirigées contre eux, comme le taureau sauvage se précipite sur son ennemi, et qui auraient craint d'affronter ces terreurs imaginaires, à travers lesquelles un homme paisible comme lui, qui dans les périls ordinaires n'était nullement remarquable pour la force de ses nerfs, se hasardait maintenant sans hésiter.

Comme il portait ses regards autour de cette scène de désolation, il ne put s'empêcher de s'avouer à lui-même que c'était un endroit bien choisi pour la retraite de ces esprits qui, dit-on, se plaisent dans la solitude et la désolation. La vallée était si étroite, et bordée de montagnes si escarpées, qu'il y avait à peine assez de place pour que le soleil de midi lançât quelques rayons épars sur le faible et sombre ruisseau qui coulait à travers ces retraites, le plus souvent en silence, mais quelquefois en murmurant tristement contre les grosses pierres et les rochers qui semblaient en quelque sorte déterminés à lui barrer le passage. En hiver ou dans la saison des pluies, ce ruisseau était un torrent écumant, et c'était à de pareilles époques que ses vagues formidables avaient arraché et déplacé ces énormes fragmens de rochers qui, au temps dont nous parlons, en cachaient le cours à l'œil et semblaient disposés à l'interrompre entièrement. — Sans doute, pensa le ministre, ce ruisseau qui descend de la montagne, gonflé tout à coup par une chute d'eau ou par un orage, a souvent causé ces accidens qu'on a attribués à Cloght-Dearg parce qu'ils étaient arrivés dans la vallée qui porte ce nom.

Au moment même où cette idée lui venait à l'esprit, il entendit une voix de femme criant avec un accent sauvage et perçant : — Michel Tyrie ! Michel Tyrie ! Il regarda autour de lui avec étonnement et même avec crainte. Il lui sembla un instant que le malin esprit, dont il avait nié l'existence, allait paraître, et le punir de son incrédulité. Cette alarme ne dura qu'un moment, et ne l'empêcha pas de répondre d'une voix ferme : — Qui m'appelle ? — Où êtes-vous ?

— Celle qui voyage dans la misère, entre la vie et la mort, répondit la voix ; et à ces mots une femme d'une haute taille sortit du milieu des fragmens de rochers qui l'avaient cachée à sa vue.

A mesure qu'elle approchait, son manteau de tartan, où dominait la couleur rouge, sa taille élevée, son pas pressé, les traits ridés et les yeux farouches qu'on apercevait sous sa coiffe, l'auraient fait passer aisément pour l'esprit qui donna son nom à cette vallée. Mais M. Tyrie la reconnut aussitôt pour la femme de l'Arbre, la veuve

5

de Mac-Tavish-Mhor, la mère de l'infortuné Hamish-Bean. Je ne sais si le ministre n'aurait pas préféré la visite de Cloght-Dearg lui-même que la présence soudaine d'Elspat, considérant son crime et sa misère. Il retint comme par instinct la bride de son cheval, et s'arrêta pour recueillir ses idées, tandis que quelques pas la firent arriver devant lui.

— Michel Tyrie, dit-elle, les folles du Clachan (1) te regardent comme un Dieu; sois-en un pour moi, et dis que mon fils est vivant. Dis-le, et moi aussi je suivrai ton culte. Je fléchirai le genou le septième jour devant la maison de prière, et ton Dieu sera mon Dieu.

— Malheureuse femme! répondit l'ecclésiastique, l'homme ne forme point de pacte avec son auteur, ainsi qu'il en peut former avec une créature de boue pareille à lui-même. Penses-tu marchander avec celui qui créa la terre et forma le firmament, ou peux-tu offrir quelque preuve d'hommage ou de dévotion qui à ses yeux mérite d'être acceptée? C'est l'obéissance qu'il a demandée, et non le sacrifice; la patience à souffrir les épreuves dont il nous afflige, et non de vains présens tels que l'homme en offre à son frère inconstant et fait de boue comme lui, afin de le corrompre et de le détourner de ses desseins.

— Tais-toi, prêtre, répondit la femme désolée; ne viens pas me faire entendre les paroles de ton livre blanc. Les parens d'Elspat étaient du nombre de ceux qui faisaient le signe de la croix et qui s'agenouillaient au son de la cloche sacrée; et elle sait qu'on peut expier

---

(1) C'est-à-dire du village; littéralement, des pierres.
(*Note de l'Auteur.*)

devant l'autel ce qu'on a fait sur le champ de bataille. Elspat avait jadis des troupeaux de toute espèce, des chèvres sur les rochers, des bestiaux dans la vallée. Elle portait autrefois de l'or autour de son cou et sur ses cheveux, des cordons aussi gros que l'étaient ceux des héros d'autrefois. Elle aurait cédé tout cela au prêtre, tout; et s'il avait désiré avoir les bijoux d'une dame de qualité, ou le sporran d'un Chef, fût-il aussi puissant que Mac-Allan-Mhor lui-même, Mac-Tavish-Mhor les lui aurait procurés, si Elspat les lui avait promis. Elspat est maintenant pauvre et n'a rien à donner; mais l'abbé Noir d'Inchaffray lui aurait ordonné de battre de verges ses épaules, et de se déchirer les pieds en faisant un pèlerinage, et il lui aurait pardonné en voyant son sang répandu et sa chair meurtrie. Tels étaient les prêtres qui avaient réellement du pouvoir, même sur les plus puissans. — Les paroles sorties de leur bouche menaçaient les grands de la terre, en leur faisant entendre la sentence de leur livre à la lueur de leur torche et au son de leur cloche sacrée. Les puissans se pliaient à leur volonté, déliaient, à la voix des prêtres, ceux qu'ils avaient garottés dans leur colère, et mettaient en liberté, sans lui nuire, celui qu'ils avaient condamné à la mort, et du sang duquel ils étaient altérés. C'étaient là des hommes véritablement puissans, et ils avaient bien droit de demander au pauvre de s'agenouiller, puisqu'ils pouvaient ainsi humilier les superbes. Mais vous! — contre qui êtes-vous forts, si ce n'est contre des femmes qui ont été coupables de folie, et contre des hommes qui n'ont jamais porté l'épée? Les prêtres d'autrefois étaient semblables au torrent qui, pendant l'hiver, emplit cette vallée profonde, et fait rouler ces quartiers de rochers l'un contre l'autre aussi aisément que l'enfant joue avec la balle qu'il jette devant lui. — Mais vous! vous ne ressemblez qu'au ruisseau affaibli par les chaleurs de l'été que détournent les joncs et qu'arrête une touffe de glaïeuls. Malheur à vous, puisqu'on ne peut trouver nulle assistance en vous!

Le ministre n'eut pas de peine à concevoir qu'Elspat avait renoncé à la foi catholique romaine, sans en adopter une autre, et qu'elle retenait encore une idée vague et confuse de la manière dont on composait avec les prêtres, au moyen de la confession, des aumônes et de la pénitence, ainsi que de leur immense pouvoir, qui, une seconde fois rendu propice, était capable, selon elle, de sauver même la vie de son fils. Plein de pitié pour sa situation et d'indulgence pour ses erreurs et son ignorance, il lui répondit avec douceur :

— Hélas! malheureuse femme! plût à Dieu que je pusse vous faire voir aussi aisément où vous devez chercher et où vous êtes sûre de trouver des consolations, que je puis vous assurer d'un seul mot que si Rome et tous ses prêtres étaient encore dans la plénitude de leur pouvoir, ni les largesses, ni la pénitence ne pourraient leur rendre possible d'apporter à votre misère la moindre assistance, la plus faible consolation! — Elspat Mac-Tavish, j'ai de bien tristes nouvelles à vous apprendre.

— Je les sais sans que tu me les annonces, dit la malheureuse femme. — Mon fils a été condamné à mourir.

— Elspat, reprit le ministre, il y a été condamné, et la sentence est exécutée.

La mère infortunée leva les yeux au ciel, et poussa un cri si différent de la voix humaine, que l'aigle qui planait au milieu des airs y répondit comme il l'aurait fait au cri de sa compagne.

— C'est impossible! s'écria-t-elle, c'est impossible! Les hommes ne peuvent condamner et tuer le même jour! Tu me trompes. Le peuple l'appelle saint! — As-tu le courage de dire à une mère qu'elle a assassiné son unique enfant?

— Dieu sait, dit le prêtre les yeux baignés de larmes, que je voudrais pouvoir vous apprendre de meilleures nouvelles. Mais celles que j'apporte sont aussi certaines que fatales. Mes oreilles ont entendu le coup mortel, mes yeux ont vu la mort de ton fils, les funérailles de ton fils. — Ma bouche rend témoignage de ce qu'ont vu mes yeux, de ce qu'ont entendu mes oreilles.

La malheureuse femme pressa ses mains l'une contre l'autre, et les éleva vers le ciel, comme une sibylle qui annonce la guerre et la désolation, tandis que, dans une rage à la fois impuissante et terrible, elle vomissait un torrent d'imprécations les plus affreuses. — Vil rustre saxon! s'écria-t-elle, lâche et hypocrite imposteur! puissent les yeux qui ont vu avec calme la mort de mon Hamish aux blonds cheveux se dissoudre dans leurs orbites à force de pleurer tes plus proches parens et tes plus chers amis! Puissent les oreilles qui ont entendu sonner son trépas être désormais insensibles à toute espèce de son, si ce n'est au cri du corbeau et au sifflement du serpent! Puisse la langue qui me parle de sa mort et de mon crime se dessécher dans ta bouche! — Ou plutôt, lorsque tu seras à prier avec ton peuple,

5.

puisse le malin esprit le guider, et lui faire prononcer des blasphèmes au lieu de bénédictions, jusqu'à ce que les hommes fuient de terreur loin de ta présence, et que la foudre du ciel, lancée contre ta tête, arrête pour jamais ta voix maudissante et maudite! Loin d'ici! Emporte avec toi cette malédiction! — Jamais, jamais plus Elspat n'adressera autant de paroles à une créature humaine.

Elle tint sa promesse. — Depuis ce jour, le monde fut pour elle un désert où elle resta sans prendre intérêt à ce qui se passait autour d'elle, sans s'en inquiéter, sans même y penser, absorbée dans sa propre affliction, indifférente à toute autre chose.

Quant à sa manière de vivre, ou plutôt d'exister, le lecteur en sait déjà autant qu'il m'est possible de lui en faire connaître, et je ne puis lui rien dire de sa mort. On suppose qu'elle arriva plusieurs années après que cette femme eut attiré l'attention de mon excellente amie, mistress Bethune Baliol. Sa bienveillance, qui ne se contenta jamais de verser une larme stérile lorsqu'il était possible d'exercer réellement la charité, la porta à essayer à plusieurs reprises d'adoucir la situation de cette misérable femme; mais tout ce qu'elle put réussir à faire pour Elspat fut seulement de rendre moins précaires ses moyens de subsistance, circonstance à laquelle elle semblait complètement indifférente, de quelque intérêt qu'elle soit en général, même pour les êtres les plus misérables. On essaya plusieurs fois de placer quelqu'un dans la hutte d'Elspat pour avoir soin d'elle; mais on ne put jamais y réussir, soit à cause de l'extrême ressentiment qu'elle montrait contre tout ce qui allait troubler sa solitude, soit à cause de la timidité des personnes qu'on avait choisies pour habiter avec la terrible femme de l'Arbre. A la fin, lorsque Elspat fut devenue totalement incapable (du moins en apparence) de se tourner sur le misérable banc qui lui servait de couche, l'humanité du successeur de M. Tyrie envoya deux femmes pour prendre soin d'elle à ses derniers momens, qu'on croyait ne pouvoir être éloignés, et pour éviter le danger de la laisser périr, faute d'assistance ou de nourriture, avant qu'elle succombât sous les effets de la vieillesse ou d'une maladie mortelle.

Ce fut dans une soirée du mois de novembre que les deux femmes chargées de ce triste soin arrivèrent à la misérable cabane que nous avons déjà décrite. L'infortunée, étendue sur son grabat, ne semblait déjà plus en quelque sorte qu'un corps inanimé, si ce n'est que ses yeux noirs et vifs roulaient dans leurs orbites d'une manière terrible, et paraissaient observer avec surprise et indignation les mouvemens des étrangères, comme si leur présence eût été à la fois inattendue et désagréable. Elles furent effrayées de ses regards ; mais, rassurées par la compagnie l'une de l'autre, elles firent du feu, allumèrent une chandelle, préparèrent de la nourriture, et firent d'autres arrangemens pour s'acquitter des devoirs dont on les avait chargées.

Les deux gardes convinrent entre elles de veiller tour à tour près du lit de la malade; mais vers minuit, vaincues par la fatigue, — car elles avaient beaucoup marché dans le cours de la journée, — elles s'endormirent toutes deux d'un profond sommeil. A leur réveil, c'est-à-dire quelques heures après, elles s'assurèrent que la hutte était vide, et que la malade n'y était plus. Elles se levèrent avec terreur, et allèrent à la porte de la cabane qu'elles trouvèrent fermée au loquet, comme elle l'avait été au commencement de la nuit. Elles cherchèrent au milieu des ténèbres, et appelèrent par son nom celle qui avait été confiée à leurs soins. Le corbeau de nuit poussa des cris du haut du vieux chêne, le renard hurla sur la colline, les échos sourds de la chute d'eau y répondirent, mais aucune voix humaine ne se fit entendre. Ces femmes effrayees n'osèrent faire de plus longues recherches avant le jour, car la disparition soudaine d'une femme dans l'état de faiblesse où était Elspat et la nature étrange de son histoire les intimidèrent, et ne leur permirent pas de sortir de la hutte. Elles restèrent donc dans une terreur affreuse, pensant tantôt qu'elles entendaient sa voix en dehors, tantôt que des sons d'une nature différente se mêlaient aux tristes soupirs de la brise de la nuit ou au bruit de la cascade. Quelquefois aussi le loquet remuait comme si une main faible et impuissante eût en vain essayé de le lever, et, à chaque instant, elles s'attendaient à voir entrer leur malade animée d'une force surnaturelle, et accompagnée peut-être de quelque être plus effrayant qu'elle-même. Le jour parut enfin. Elles visitèrent en vain les buissons, les rochers et les halliers. Deux heures après le ministre lui-même arriva, et, sur le rapport des gardes, il ordonna de répandre l'alarme dans le pays, et de faire une recherche exacte et générale dans tout le voisinage de la cabane et du chêne. Mais tout fut inutile. On ne trouva jamais Elspat Mac-Tavish, soit morte soit vivante, et il fut impossible de découvrir jamais la moindre circonstance qui indiquât son sort.

Les gens du voisinage différèrent d'opinion sur la cause de sa disparition. Les plus crédules pensèrent que le malin esprit, sous l'influence duquel elle semblait avoir agi, l'avait emportée en corps et en ame; et il y a encore beaucoup de personnes qui refusent de passer, à une heure indue, près du chêne, sous lequel on peut encore, à ce qu'elles assurent, la voir assise selon sa coutume. D'autres, moins superstitieux, supposèrent que s'il avait été possible de visiter le gouffre du Corri-Dhu, les abîmes du lac, ou les profondeurs de la rivière, on aurait pu découvrir les restes d'Elspat Mac-Tavish, attendu qu'il n'y avait rien de plus naturel, si l'on considère l'état de son esprit et de son corps, que de supposer qu'elle était tombée par accident, ou qu'elle s'était jetée à dessein dans un de ces lieux de destruction certaine. Le ministre entretint une opinion à part. Il pensa que, ne pouvant souffrir les gardes qu'on avait mises auprès d'elle, cette malheureuse femme, guidée par l'instinct qui dirige les différens animaux domestiques, s'était éloignée de la vue de sa propre race, afin que son agonie pût avoir lieu dans quelque caverne secrète où sans doute ses restes ne frapperaient jamais les regards d'aucun mortel. Il crut que ce sentiment d'instinct était d'accord avec la vie malheureuse de cette femme, et qu'il avait pu avoir de l'influence sur elle quand elle avait vu approcher sa fin.

CHAPITRE XIII.

« A peine le matin entr'ouvrait sa paupière.
« Qu'ils conduisaient tous deux leurs bœufs sur la bruyère. »
MILTON, *Elégie sur Lycidas*.

J'AI quelquefois été surpris que toutes les occupations favorites et tous les passe-temps du genre humain tendissent à troubler cet heureux état de tranquillité, cet *otium*, comme Horace l'appelle, et qu'il dit être l'objet des vœux de tous les hommes, soit qu'ils se trouvent sur mer, soit qu'ils restent sur la terre ferme. J'ai été surpris que ce repos auquel nous tenons tant lorsque le devoir ou la nécessité exigent que nous y renoncions, soit précisément ce que nous désirons changer pour un état d'agitation, dès que nous sommes libres d'en jouir à volonté. En un mot, vous n'avez qu'à dire à quelqu'un : — Reposez-vous, pour lui inspirer à l'instant l'amour du travail. Le chasseur se fatigue autant que son garde-chasse; le maître de la meute prend autant d'exercice que le piqueur; l'homme d'état et le politique font un travail plus dur que l'homme de loi; et, pour en venir à ma propre affaire, celui qui se fait auteur volontairement se soumet au risque d'être en butte aux traits acérés de la critique, et à la certitude d'un travail mental et manuel, tout aussi-bien que son confrère que la nécessité force à prendre la plume.

Ces réflexions me furent suggérées par l'annonce que me fit Janet que le petit Gillie Pied-Blanc (1) venait d'arriver de chez l'imprimeur.

— Dites plutôt Gillie Pied-Noir, Janet, m'écriai-je, car ce n'est ni plus ni moins qu'un enfant du diable (2) venu pour me tourmenter en me demandant de la *copie*, comme les imprimeurs appellent les feuilles d'un manuscrit.

— Que Dieu pardonne à Votre Honneur! dit Janet; ce n'est pas agir suivant votre coutume que de donner de pareils noms à un enfant orphelin.

— Je n'ai pas autre chose à lui donner, Janet. — Il faut qu'il attende.

— Eh bien, je lui donnerai à déjeuner, et le pauvre enfant attendra au coin du feu dans la cuisine, jusqu'à ce que Votre Honneur soit prêt. Un pareil morveux sera assez heureux à ce prix d'attendre toute la

---

(1) Gillie Whitefoot, *le page Pied-Blanc*. — ÉD.

(2) Les petits apprentis de l'imprimerie s'appellent en Angleterre les *diables de l'imprimeur : Printer's devils*. — ÉD.

journée, s'il le faut, le bon plaisir de Votre Honneur.

— Mais, Janet, dis-je à mon active petite surintendante lorsqu'elle revint me trouver après avoir fait cet arrangement hospitalier, je commence à trouver le travail d'écrire nos chroniques plus à charge que je ne m'y attendais, car voici ce petit drôle qui vient me demander de la copie, c'est-à-dire quelque chose à imprimer, et je n'ai rien à lui donner.

— Votre Honneur né peut-être embarrassé pour cela; je vous ai vu écrire assez vite; et quant à des sujets, vous avez tout le pays des montagnes pour en chercher. Je suis sûre que vous savez une centaine d'histoires bien meilleures que celles d'Hamish Mac-Tavish, où, après tout, il ne s'agissait que d'un jeune vagabond et d'une vieille folle; et si l'on avait brûlé la hardie coquine comme sorcière, je crois que ce n'aurait pas été du charbon perdu. — Faire tirer un coup de fusil par son vaurien de fils contre un gentilhomme, un Cameron! — Je suis moi-même cousine au troisième degré des Camerons, et mon sang se soulève pour eux.

— Et si vous voulez écrire sur des déserteurs, à coup sûr il y en a eu assez sur le haut d'Arthur's-Seat, le jour de l'incursion des Mac-Raas, et lors de cette journée funeste près de Leith-Pier, — Ohonari!

Janet commença à pleurer, et essuya ses larmes avec son tablier. Quant à moi, l'idée qu'il me fallait venait de m'être fournie, mais j'hésitais à en faire usage. Il en est des sujets comme du temps, ils s'usent à force de servir. Il ne convient qu'à un âne comme le juge Shallow de s'emparer des misérables chansons que sifflent les charretiers, et de les faire passer pour ses *fantaisies* et ses *bonsoirs* (1). Or les montagnes d'Écosse, quoique offrant jadis une mine riche en sujets neufs, sont maintenant, comme me le disait ma digne amie mistress Bethune Baliol, un terrain à peu près usé, grâce aux travaux continuels des romanciers modernes, qui trouvant, dans ces régions retirées des habitudes et des mœurs primitives, se sont vainement imaginé que le public ne peut jamais s'en lasser. Aussi trouve-t-on sur les tablettes d'un cabinet de lecture autant de Highlanders en jupon et autant de Highlanders réels qu'à un bal calédonien (2). On aurait pu, à une époque antérieure, tirer grand parti de l'histoire d'un régiment de montagnards, et du singulier changement d'idées qui devait avoir lieu dans l'esprit de ceux qui le composaient, lorsqu'ils désertaient les montagnes qui les avaient vus naître pour les champs de batailles du continent, et leurs habitudes domestiques, simples et quelquefois indolentes, pour les manœuvres régulières qu'exige la discipline moderne. Mais cette mine a été exploitée d'avance. Mistress Grant de Laggan a peint les mœurs, les coutumes et les superstitions de nos montagnes dans leur simple état de nature; et mon ami le général Stewart de Garth, en écrivant l'histoire véritable des régi-

(1) *Fancies and good nights.* On peut voir, dans la seconde partie de *Henri IV*, par Shakspeare, acte V, scène 2, le passage auquel il est fait ici allusion. On donnait alors à certaines poésies fugitives les titres de *fantaisies* et de *bonsoirs*. — Éd.

(2) Allusion à ces bals où les Écossais de la ville empruntent le costume des Highlanders. *Voy.* une lettre à Charles Nodier sur ce sujet, dans le troisième volume du *Voyage littéraire en Écosse*, par A. P., *Paris*, 1825. — Éd.

mens highlanders, a rendu extrêmement téméraire et hasardeuse toute tentative pour en tracer une esquisse avec les couleurs de l'imagination (1). Et cependant, moi aussi j'ai envie d'ajouter une pierre au Cairn (2), et sans appeler au secours de mon esprit les impressions de mes souvenirs de jeunesse, je puis essayer de peindre une ou deux scènes capables de faire connaître le caractère montagnard, et qui appartiennent particulièrement aux *Chroniques de la Canongate*, puisqu'elles sont aussi familières aux vieilles têtes grises qui s'y trouvent qu'à Chrystal Croftangry : pourtant je ne remonterai pas au temps des clans et des claymores. Ainsi donc, garde à vous, courtois lecteur ; vous allez avoir l'histoire de deux bouviers. Une huître peut être traversée en amour, dit l'aimable Tilburina (3), — et un bouvier peut être sensible au point d'honneur, dit le chroniqueur de la Canongate.

(1) L'auteur veut parler ici des *Lettres sur les Highlands*, par mistress Grant de Laggan, et de l'*Histoire des régimens écossais*, par le colonel Stewart. — ÉD.

(2) *Voy.* la note, pag. 36 de ce volume — ÉD.

(3) Dans *le Critique* de Sheridan. — ÉD.

Les deux Bouviers.

Mon récit commence le lendemain de la foire de Doune. Le marché avait été animé ; plusieurs marchands y étaient venus des contrées du nord et du centre de l'Angleterre, et l'argent anglais y avait circulé assez librement pour réjouir les cœurs des fermiers des Highlands. De nombreux troupeaux allaient partir pour l'Angleterre sous la garde de leurs propriétaires, ou des conducteurs à qui ils confiaient, sous leur responsabilité, l'emploi ennuyeux et fatigant de faire parcourir aux bestiaux plusieurs centaines de milles, du marché où ils avaient été achetés, aux champs et aux fermes où ils devaient être engraissés pour les abattoirs.

Les Highlanders sont particulièrement propres à ce métier difficile de bouvier, qui semble leur convenir aussi bien que le métier de la guerre. Il leur offre l'occasion d'exercer toutes leurs habitudes de patience et d'activité. Il faut qu'ils connaissent parfaitement les routes par où doivent passer les bestiaux, qui traversent souvent les parties les plus sauvages du pays, et qu'ils évitent autant que possible les grands chemins, qui fatiguent les pieds des bœufs, et les barrières, dont le péage tourmente l'esprit de celui qui les conduit. Sur la verdure, au contraire, ou sur le sentier d'herbe fanée, le seul qui soit marqué sur la prairie, les troupeaux non-seulement marchent à l'aise et à l'abri des taxes, mais même, s'ils y font attention, ils peuvent prendre, chemin faisant, un à-compte sur leur nourriture. La nuit les bouviers dorment habituellement avec leurs troupeaux, quelque temps qu'il fasse, et la plupart de ces hommes, endurcis aux fatigues, ne reposent pas une seule fois sous un toit pendant un voyage à pied du Lochaber au comté de Lincoln. Ils reçoivent un riche salaire, car la tâche qu'on leur confie est d'une grande importance, puisqu'il dépend de leur prudence, de leur vigilance et de leur honnêteté, que le bétail arrive en bon état à sa destination et produise du profit au nourrisseur. Mais comme ils s'entretiennent à leurs frais, ils sont sur ce point d'une économie particulière. A l'époque dont nous parlons, la provision d'un bouvier des Highlands, pour son long et fatigant voyage, consistait en quelques poignées de gâteau d'avoine et deux ou trois ognons renouvelés de temps en temps, plus une corne de bouc remplie de whisky, dont il buvait régulièrement, mais avec modération, tous les matins et tous les soirs. Son poignard ou *skene-dhu* (c'est-à-dire couteau noir), porté de manière à être caché sous le bras ou par les plis du manteau, était sa seule arme, avec le bâton dont il se servait pour diriger les mouvemens du troupeau. Un montagnard n'était jamais plus heureux que dans ces occasions. Il trouvait dans tout le voyage une variété qui exerçait la curiosité et l'amour du mouvement, naturel au Celte ; il y trouvait un changement constant de place et de scène ; les petites aventures, inséparables d'un pareil métier, et des rapports fréquens avec les divers fermiers, nourrisseurs et marchands, assaisonnés de quelques parties joyeuses, qui plaisaient d'autant plus à Donald (1) qu'elles ne lui coûtaient rien ; enfin il y trouvait la satisfaction que cause le sentiment d'une habileté supérieure ; car le montagnard, qui n'est qu'un enfant avec des moutons, devient un prince au milieu de ses bœufs, et ses habitudes naturelles lui font dédaigner la vie indolente du berger. Aussi ne se sent-il jamais plus à l'aise que quand il marche à l'arrière-garde d'un beau troupeau de son pays confié à ses soins. Parmi tous ceux qui ce jour-là quittèrent Doune dans le but que nous venons de décrire, pas un seul ne mettait sa toque d'un air plus gaillard, ou n'attachait au-dessous du genou ses chausses de tartan sur des jambes qui promissent davantage, que Robin Oig-Mac-Combish, plus familièrement appelé Robin Oig, c'est-à-dire Robin le jeune ou le petit. Quoique petit de taille, comme l'indique l'épithète de Oig, Robin était léger et alerte comme un daim de ses montagnes. Ses pas avaient une élasticité qui, dans le cours d'une longue marche, excitait l'envie de plus d'un robuste compagnon ; et la manière dont il plaçait sa toque et ajustait son plaid indiquait la conviction intérieure qu'un montagnard de son espèce ne passerait pas sans être remarqué au milieu des jeunes filles des

(1) Nom générique des Écossais, qui a remplacé *Sawney*. — Éd.

basses terres. Ses joues rubicondes, ses lèvres vermeilles et ses dents blanches faisaient ressortir une physionomie à laquelle l'habitude d'être exposée à toute l'inconstance des saisons avait donné une teinte de santé et de vigueur plutôt que de rudesse. Si Robin, suivant l'usage de ses compatriotes, ne riait pas ou même ne souriait pas souvent, ses yeux vifs brillaient ordinairement sous sa toque avec une expression de bonne humeur prête à se changer en gaieté.

Le départ de Robin Oig était un événement dans la petite ville, où il avait, ainsi que dans les environs, beaucoup d'amis parmi les deux sexes. C'était un personnage de marque dans sa classe; il faisait des affaires assez considérables pour son propre compte, et avait la confiance des meilleurs fermiers des montagnes, de préférence à tout autre bouvier de ce canton. Il aurait pu augmenter ses affaires presque indéfiniment, s'il avait voulu condescendre à les faire faire par des représentans; mais, excepté un ou deux jeunes gens, ses propres neveux, Robin rejetait l'idée de toute assistance, sentant peut-être combien sa réputation dépendait de sa persévérance à remplir en personne les devoirs de sa profession dans toutes les occasions. Il se contentait donc du plus haut prix accordé aux gens de son état, et se consolait dans l'espérance que quelques voyages en Angleterre pourraient le mettre à même de faire des affaires pour son propre compte d'une manière convenable à sa naissance. Le père de Robin Oig, Lachlan Mac-Combish, c'est-à-dire *le fils de mon ami*, car son véritable nom de clan était Mac-Gregor, avait été ainsi appelé par Rob-Roy, à cause de l'amitié particulière qui avait subsisté entre le grand-père de Robin et ce fameux cateran. Quelques personnes disent même que Robin Oig tirait son nom de baptême d'un homme aussi renommé dans les environs sauvages du Loch Lomond que l'avait jamais été Robin Hood, portant aussi le même prénom dans les limites de la joyeuse forêt de Sherwood. — Qui ne serait fier de pareils ancêtres ? comme dit James Boswell (1). Robin Oig était donc fier ; mais ses fréquens voyages en Angleterre et dans les basses terres lui avaient donné assez de tact pour savoir que des prétentions qui lui permettaient d'avoir des droits à quelque distinction dans sa vallée isolée, pourraient être tout à la fois dangereuses et ridicules s'il voulait s'en prévaloir ailleurs. L'orgueil de sa naissance était donc, comme le trésor de l'avare, l'objet secret de sa contemplation sans qu'il le montrât jamais aux étrangers comme un sujet de vanité. Robin Oig fut comblé de félicitations, et l'on y joignit des souhaits pour qu'il fît un heureux voyage. Les connaisseurs vantaient son troupeau, et surtout les bœufs les plus beaux, qui appartenaient à Robin lui-même. Les uns lui tendaient leurs tabatières en lui offrant une dernière prise, les autres lui présentaient le *doah-an-dorroch* ou coup de l'étrier. Tous s'écriaient : — Bon voyage et bon retour ; de bonne chance au marché saxon ; de bons billets dans le *leabhar-dhu* (porte-feuille noir), et beaucoup d'or anglais dans le *sporran* (bourse de peau de chèvre).

Les jolies filles faisaient leurs adieux plus modestement ; et plus d'une, disait-on, aurait donné son plus

(1) L'historiographe ou biographe de Johnson. — Éd.

beau joyau pour être sûre d'être la dernière sur laquelle s'arrêterait l'œil de Robin quand il se mettrait en route.

Robin venait de donner le signal préliminaire *hoo! hoo!* pour presser les traîneurs du troupeau, quand il entendit un cri derrière lui.

— Arrête, Robin, attends un moment; voilà Janet Tomahourich, la vieille Janet, la sœur de ton père.

— Peste de la vieille sorcière des Highlands, dit un fermier du Carse de Stirling (1); elle va jeter quelque sort sur les bœufs.

— Est-ce qu'elle le peut? dit un autre sage de la même profession. Robin Oig n'est pas homme à en laisser un seul sans faire à sa queue le nœud de Saint-Mungo, et cela ne met-il pas en fuite la meilleure sorcière qui ait jamais traversé le Dimayet à cheval sur un manche à balai?

Il ne sera peut-être pas indifférent au lecteur de savoir que le bétail des montagnes d'Écosse est particulièrement sujet à être ensorcelé par des charmes, contre lesquels les gens prudens se mettent en garde en faisant des nœuds d'une sorte particulière avec la touffe de poil qui termine la queue de l'animal. Mais la vieille femme, objet des soupçons du fermier, paraissait ne s'occuper que du bouvier, sans faire aucune attention au troupeau. Robin Oig semblait contrarié de sa présence.

— Quelle idée de vieille femme, dit-il, vous a amenée

---

(1) *Carse* signifie une étendue de terres basses et fertiles situées le long d'une rivière — Ép.

si matin de la montagne, ma tante? Ne vous ai-je pas fait mes adieux, et n'ai-je pas reçu vos souhaits pour mon bon voyage, hier soir?

— Et tu m'as laissé plus d'argent qu'une vieille comme moi, qui n'est bonne à rien, n'en aura besoin jusqu'à ton retour, mon cher enfant, dit la sibylle. Mais je me soucierais peu de la nourriture qui m'entretient, du feu qui m'échauffe, ou même du bienheureux soleil de Dieu, s'il devait arriver quelque malheur au petit-fils de mon père. Laisse-moi donc faire autour de toi la marche du *deasil*, pour que tu puisses aller au loin sans danger dans la terre étrangère, et en revenir sain et sauf.

Robin Oig s'arrêta, à moitié embarrassé, à moitié riant, et en faisant signe à ceux qui l'entouraient qu'il ne se prêtait à la fantaisie de la vieille que pour complaire à son humeur. Cependant elle exécutait autour de lui, à pas chancelans, la cérémonie propitiatoire, que quelques-uns croient dérivée de la mythologie des druides. On sait en quoi elle consiste : la personne qui fait le *deasil* marche trois fois autour de celle qui est l'objet de la cérémonie, en ayant soin de régler sa marche suivant le cours du soleil (1). Mais tout à coup Janet s'arrêta, et s'écria d'une voix remplie d'horreur et d'alarme : — Petit-fils de mon père, je vois du sang sur votre main.

— Silence, je vous en conjure, ma tante, dit Robin Oig; avec votre taishatanagh (seconde vue), vous vous

(1) Suivant l'explication donnée par le docteur Jamieson du mot *deasil*, cette marche doit avoir lieu en sens contraire au cours du soleil. — Éd.

mettrez dans un embarras dont vous ne pourrez vous tirer d'ici à long-temps.

La vieille femme répéta seulement d'un air effrayé : — Il y a du sang sur votre main, et c'est du sang anglais. Le sang du Gaël est plus foncé et plus rouge. — Voyons, voyons.

Avant que Robin Oig pût l'en empêcher, ce qu'il n'aurait pu faire que de vive force, tant ses mouvemens avaient été prompts et décisifs, elle lui avait pris le poignard caché dans les plis de son plaid, et le levant en l'air, elle s'écria, quoique la lame brillât au soleil pure et sans tache : — Du sang! du sang! encore du sang de Saxon! Robin Oig Mac-Combish, n'allez pas aujourd'hui en Angleterre.

— Bon! bon! répondit Robin Oig, cela est impossible; autant vaudrait courir le pays en vagabond. — Fi! ma tante, rendez-moi mon poignard. Vous ne pouvez pas distinguer par la couleur le sang d'un bœuf noir de celui d'un blanc, et vous voulez connaître la différence entre le sang saxon et le sang écossais. Tous les hommes tirent leur sang d'Adam. Donnez-moi mon arme, et laissez-moi me mettre en route. Je serais déjà à moitié chemin du pont de Stirling. — Donnez-moi mon poignard, vous dis-je, et laissez-moi partir.

— Je ne te le donnerai pas, dit la vieille, — je ne lâcherai pas ton plaid, que tu ne m'aies promis de ne pas porter cette arme fatale.

Les femmes présentes à cette scène joignirent leurs instances aux siennes, en disant qu'il était bien rare que les paroles de sa tante tombassent à terre; et comme les fermiers des Lowlands continuaient à regarder cette scène d'un air de mauvaise humeur, Robin Oig résolut de la terminer à tout prix.

— Eh bien donc, dit le jeune bouvier en donnant le fourreau du poignard à Hugh Morrison, vous autres des basses terres, vous ne faites pas grand cas de ces prédictions. Gardez-moi mon poignard. Je ne puis vous le donner, parce qu'il a appartenu à mon père; mais votre troupeau suit le mien, et je consens à ce que mon arme reste entre vos mains, et non dans les miennes. — Cela suffira-t-il, ma tante?

— Il le faut bien, dit la vieille, c'est-à-dire si votre ami des basses terres est assez fou pour se charger de ce poignard.

Le robuste habitant de l'ouest se mit à rire aux éclats. — Bonne femme, dit-il, je suis Hugh Morrison de Glenae, descendu des Manly Morrison du vieux temps, qui jamais dans leur vie ne se sont servis contre un homme d'une arme aussi courte. Et ils n'en avaient pas besoin : ils avaient leurs épées, et moi, j'ai cette petite baguette, — montrant un bâton énorme, — pour me défendre de l'autre côté de la frontière, et je laisse le poignard à John des Highlands. Ne secouez pas l'oreille, messieurs des montagnes, et vous surtout, Robin. Je garderai le poignard, si vous avez peur du conte de la vieille sorcière, et je vous le rendrai quand vous en aurez besoin.

Une partie du discours de Hugh Morrison n'était pas tout-à-fait du goût de Robin; mais il avait acquis dans ses voyages plus de patience que n'en comportait peut-être son caractère montagnard, et il accepta l'offre de service du descendant des Manly Morrison, sans s'offenser de la manière peu flatteuse dont elle était faite.

— S'il n'avait pas eu son coup du matin dans la tête, et que ce n'eût pas été par-dessus le marché un mouton du comté de Dumfries, il aurait parlé plus civilement. Mais si une truie grogne, c'est tout ce qu'on peut en attendre. C'est une honte de voir le couteau de mon père destiné à couper un haggis pour un drôle comme lui (1).

Tandis qu'il parlait ainsi, mais en se servant de la langue des montagnes, Robin mit son troupeau en marche, et fit un signe d'adieu à tous ceux qu'il laissait derrière lui. Il était d'autant plus pressé, qu'il comptait rejoindre à Falkirk un camarade et un compagnon de métier, avec lequel il se proposait de voyager en compagnie.

Cet ami de Robin était un jeune Anglais, nommé Harry Wakefield, bien connu dans tous les marchés du nord, et, dans sa classe, aussi renommé et distingué que notre bouvier montagnard. Il avait près de six pieds, et bien fait pour tenir sa place, soit dans un défi à coups de poings à Smithfield, soit dans un combat à la lutte; quoiqu'il eût quelquefois trouvé ses maîtres peut-être, parmi les professeurs réguliers de l'art du pugilat, il était capable, dans une rencontre, de mettre à la raison tout autre amateur. Les courses de Doncaster le voyaient dans toute sa gloire, pariant sa guinée, et généralement avec succès; et il n'y avait pas un combat de livré dans le comté d'York, où les nour-

(1) Le *haggis* est un ragoût écossais, espèce de hachis en boudin. Voir les notes de *Waverley*. — Éd.

risseurs sont des personnes de marque, auquel il n'assistât si ses affaires le lui permettaient. Mais quoiqu'un peu coureur, aimant le plaisir et les endroits où il pouvait le trouver, Harry Wakefield était un homme solide, et le prudent Robin Oig Mac-Combish lui-même n'était pas plus attentif aux affaires sérieuses.

Ses jours de fête étaient de vrais jours de fête, mais ses jours de travail étaient employés avec une ardeur et une assiduité constantes. Par son air et par son caractère, Wakefield était le modèle des joyeux enfans de la vieille Angleterre, dont les arcs et les longues flèches assurèrent, dans tant de batailles, sa supériorité sur les autres nations, et dont les bons sabres de notre propre temps sont la meilleure et la plus sûre défense. Sa gaieté était facilement excitée; car d'une constitution robuste, et jouissant d'une honnête aisance, il était disposé à trouver bien tout ce qu'il voyait; et les difficultés qu'il pouvait rencontrer de temps en temps étaient plutôt, pour un homme de son énergie, un sujet d'amusement que de peine sérieuse. Avec toutes les qualités d'un caractère ardent, notre jeune bouvier anglais avait aussi ses défauts. Il était irascible, quelquefois jusqu'au point de devenir querelleur; et d'autant plus disposé peut-être à remettre à la force des poings la décision de ses disputes, qu'il trouvait peu d'antagonistes capables de lui résister.

Il serait difficile de dire comment avait commencé cette intimité entre Harry Wakefield et Robin Oig; mais il est certain qu'il s'était formé entre eux une liaison étroite, quoiqu'ils eussent en apparence peu de sujets communs de conversation ou d'intérêt, aussitôt qu'ils cessaient de s'entretenir de leurs bœufs ; car Robin Oig parlait l'anglais assez imparfaitement sur tout autre sujet que ses bestiaux, et Harry Wakefield, avec son accent du comté d'York, n'avait jamais pu parvenir à prononcer un seul mot en langue gaëlique. Ce fut en vain que Robin employa tout une matinée, en traversant le Minch-Moor, à essayer d'apprendre à son compagnon à prononcer avec une précision exacte le mot *Llhu*, qui, dans cette dernière langue, veut dire un veau. De Traquair à Murdercairn, la montagne retentit des sons discordans que le Saxon essayait sur le monosyllabe rebelle, et des éclats de rire qui suivaient chaque tentative infructueuse. Ils savaient cependant quelquefois éveiller plus agréablement les échos ; car Wakefield chantait maints couplets à la louange de Molly, de Susanne et de Cicely, et Robin Oig avait un talent particulier pour siffler ses interminables pibrochs (1) avec toutes leurs variations ; et, ce qui était plus agréable à l'oreille méridionale de son compagnon, il savait la plupart des chansons du nord, joyeuses ou pathétiques, que Wakefield apprenait à accompagner en sifflant en basse. Ainsi, quoique Robin ne pût comprendre qu'avec peine les histoires de son compagnon sur les courses de chevaux, les combats de coqs ou les chasses au renard, et quoique ses propres récits des combats entre les clans de leurs creaghs, d'incursions en Angleterre, variées de digressions sur les lutins et toute la férie des Highlands, fussent à peu près inintelligibles pour l'Anglais, ils s'arrangeaient néanmoins de

(1) Chants guerriers, particuliers aux montagnards d'Écosse.
Éd.

manière à trouver un certain plaisir dans la société l'un de l'autre, ce qui les avait engagés depuis trois ans à se réunir pour voyager ensemble quand la direction de leur voyage le leur permettait. Et dans le fait, chacun d'eux avait son avantage à cette réunion ; car où l'Anglais aurait-il pu trouver un guide comme Robin Oig Mac-Combish pour traverser les montagnes de l'ouest ? Et quand ils arrivaient à ce qu'Harry appelait le bon côté de la frontière, sa protection, qui n'était pas sans étendue, et sa bourse, qui était assez pesante, étaient dans tous les temps au service de son ami le Highlander, et dans bien des occasions sa libéralité lui rendit des services dignes d'un véritable enfant de la vieille Angleterre.

CHAPITRE XIV.

> « Vit-on jamais une amitié plus belle ?
> » Tous deux pourtant eurent querelle ;
> » Quel en fut donc le motif ? Le voici :
> « Comme il n'avait plus d'autre ami,
> « Pour lui prouver sa tendresse fidèle,
> » Il voulut se battre avec lui. »
>
> *Duc contre Duc.*

Nos deux amis avaient traversé avec leur cordialité ordinaire les vertes plaines du Liddesdale, et passé la partie opposée du Cumberland emphatiquement appelée le Désert. Dans ces régions solitaires, les bestiaux confiés à la garde de nos deux bouviers subsistaient eux-mêmes à bon marché, en prenant leur nourriture le long de leur route, ou quelquefois en cédant à la tentation d'envahir d'un saut le pré voisin, quand l'occasion s'en présentait. Mais maintenant la scène changeait devant eux ; ils descendaient vers un pays fertile en enclos, où de pareilles libertés ne pouvaient pas se prendre avec impunité, ou sans un arrangement et un marché préalable avec les propriétaires du terrain. Cela était d'autant plus nécessaire alors, qu'on était à la veille d'une grande foire dans le nord, où nos deux bouviers espéraient vendre une partie de leurs bestiaux qu'il était à désirer de conduire au marché bien reposés et en bon état. On ne pouvait donc obtenir des pâtures que difficilement et à des prix élevés. Cette nécessité occasiona une séparation temporaire entre les deux amis ; chacun d'eux alla faire son marché comme il le pourrait, et pourvoir séparément aux besoins de son troupeau. Malheureusement il arriva que tous deux, à l'insu l'un de l'autre, songèrent à s'arranger, pour le terrain dont ils avaient besoin, sur la propriété d'un gentilhomme de campagne assez riche, dont les terres étaient dans le voisinage. Le bouvier anglais s'adressa au bailli du domaine, qu'il connaissait. Il se trouva que notre gentillâtre du Cumberland, qui avait quelques soupçons sur l'honnêteté de son intendant, prenait alors ses mesures pour s'assurer jusqu'à quel point ils étaient bien fondés, et avait prié que toutes les demandes qu'on ferait au sujet de ses terres encloses, dans le but de les occuper temporairement, lui fussent renvoyées à lui-même. Cependant, comme M. Ireby était allé la veille faire un voyage de quelques milles vers le nord, le bailli prit sur lui de considérer la restriction mise à ses pleins pouvoirs comme levée pendant le temps de son absence, et conclut qu'il ne pouvait mieux consulter les intérêts de son maître, et peut-être les siens propres, qu'en faisant un arrangement avec Harry Wakefield. Cependant, ignorant ce que faisait son camarade, Robin Oig, de son côté, rencontra par hasard sur la route un petit homme de bonne mine, monté sur un poney dont la queue et les oreilles étaient artistement coupées suivant la mode de cette époque, et portant lui-même une culotte de peau bien serrée et de longs éperons brillans. Ce cavalier commença par faire une ou deux questions sur les marchés et le prix des bestiaux. L'Écossais, voyant en lui un homme plein de civilité et de jugement, prit la liberté de lui demander s'il ne pourrait pas lui indiquer quelque pâturage à louer dans le voisinage, pour y placer temporairement son troupeau. Il ne pouvait s'adresser à quelqu'un qui fût plus propre à lui répondre. Le cavalier était précisément le propriétaire avec le bailli duquel Harry Wakefield s'était arrangé, ou était en train de s'arranger.

— Tu as du bonheur de m'avoir parlé, mon brave Highlander, dit M. Ireby; car je crois que tes bestiaux ont fait une bonne journée, et j'ai à ma disposition le seul champ qui soit à louer à trois milles à la ronde.

— Mon troupeau peut encore très-bien faire deux, trois ou quatre milles, répondit le prudent Écossais; mais que demanderait Votre Honneur par tête de bétail, si je voulais prendre le parc pour deux ou trois jours?

— Nous nous arrangerons, Sawney (1), si tu veux me

---

(1) *Sawney* est un des noms par lesquels on désigne généralement les Écossais. (*Note du Traducteur.*)

vendre à un prix raisonnable six de tes bœufs pour les engraisser cet hiver.

— Et lesquels Votre Honneur voudrait-il avoir ?

— Eh bien, voyons. — Les deux noirs, — le brun foncé, — celui qui n'a pas de cornes, — cet autre à poil rouge, — et celui dont les cornes sont torses, — combien par tête ?

— Ah ! dit Robin, Votre Honneur est un connaisseur, un vrai connaisseur. — Je n'aurais pas mieux choisi les six meilleurs moi-même, qui les connais comme si c'étaient mes enfans, pauvres bêtes !

— Eh bien !. combien par tête, Sawney ? continua M. Ireby.

— Les prix ont été bien élevés à la foire de Doune et à celle de Falkirk, répondit Robin.

Et la conversation continua ainsi, jusqu'à ce qu'ils fussent convenus du juste prix des six bœufs, l'acheteur accordant en sus de ce prix l'usage temporaire de son champ pour tout le troupeau, et Robin faisant, à son avis, un très-bon marché, pourvu que le pâturage fût seulement passable. Le gentillâtre mit son cheval au pas, et accompagna le bouvier, tant pour lui montrer le chemin, et le mettre en possession du pâturage, que pour apprendre les dernières nouvelles des marchés du nord.

Ils arrivèrent dans l'enclos, où l'herbe paraissait excellente. Mais quelle fut leur surprise quand ils virent le bailli faisant tranquillement entrer le troupeau de Harry Wakefield dans le gras pâturage qui venait d'être assigné à celui de Robin Oig Mac-Combish par le propriétaire lui-même !

M. Ireby piqua des deux, s'avança vers son intendant; et, apprenant ce qui s'était passé, il informa brièvement le bouvier anglais que son bailli avait loué le terrain sans y être autorisé, et qu'il pouvait aller chercher un lieu de pâture pour son troupeau où il voudrait, puisqu'il ne pouvait être admis dans ce champ. En même temps, il tança vertement le bailli pour avoir transgressé ses ordres, et lui enjoignit d'aider tout de suite à chasser les bestiaux affamés de Harry Wakefield, qui venaient de commencer, à leur grande joie, un repas abondant, et à faire entrer ceux de son camarade, que le bouvier anglais commença alors à regarder comme un rival.

Wakefield se sentit disposé à résister à la décision de M. Ireby; mais tout Anglais a une idée assez exacte de la loi et de la justice, et John Fleecebumpkin, le bailli, ayant reconnu qu'il avait excédé son autorité, Wakefield vit qu'il n'avait rien de mieux à faire que de rassembler son troupeau affamé, et d'aller ailleurs pour y chercher des vivres. Robin Oig vit avec regret ce qui était arrivé, et s'empressa d'offrir à l'Anglais, son ami, de partager avec lui le champ, objet de la dispute. Mais l'orgueil de Wakefield était profondément blessé, et il répondit avec dédain : — Prends tout, Robin, prends tout; ne fais jamais deux bouchées d'une cerise : tu sais faire le doucereux avec les maîtres, et jeter de la poudre aux yeux des gens simples. — Fi donc, Robin; je ne voudrais baiser les cordons des souliers de personne pour avoir la permission de cuire dans son four.

Robin Oig, fâché, mais peu surpris du mécontentement de son camarade, s'empressa de le prier d'attendre une heure seulement, pendant qu'il irait chez le propriétaire recevoir le paiement des bestiaux qu'il lui avait vendus, lui promettant de revenir immédiatement pour l'aider à conduire son troupeau dans quelque endroit où il pût se reposer à l'aise, et de lui expliquer la méprise qu'ils avaient commise tous deux. Mais l'Anglais ne perdit rien de son indignation : — Tu as donc fait une vente, s'écria-t-il, n'est-il pas vrai? Oui, oui, tu es un malin garçon pour savoir choisir le moment de faire un marché. Va-t'en au diable! Je ne veux jamais revoir ton visage; tu devrais être honteux de me regarder en face.

— Je n'ai honte de regarder personne en face, dit Robin Oig un peu ému, et même je vous regarderai en face dès aujourd'hui, si vous voulez m'attendre là-bas au Clachan.

— Vous feriez peut-être mieux de vous tenir au loin, répliqua son camarade; et, tournant le dos à son ancien ami, il fit partir ses bestiaux, qui ne s'en souciaient guère, aidé du bailli, qui prit quelque intérêt réel et en affecta davantage en voyant Wakefield obligé de leur chercher pâture ailleurs. Après avoir employé quelque temps à négocier avec plus d'un fermier voisin qui ne voulait ou ne pouvait pas lui louer un pâturage, Harry Wakefield, pressé par la nécessité, termina enfin son affaire par le moyen du maître du cabaret où Robin Oig et lui étaient convenus de passer la nuit quand ils se séparèrent d'abord. Le cabaretier voulut bien lui laisser mettre son bétail dans un marais stérile, pour un prix presque égal à celui qu'avait demandé le bailli pour l'enclos disputé; et la mauvaise qualité du pâturage, aussi-bien que le prix qu'il fut obligé d'en payer, furent comptés par Harry comme autant de circonstances qui aggravaient le manque de foi et d'amitié de son ancien camarade des Highlands. Cette disposition de Wakefield fut encouragée par le bailli, qui avait ses raisons particulières d'être offensé contre le pauvre Robin, qui avait, sans le savoir, fait tomber sur lui la disgrace de son maître; le cabaretier, et deux ou trois buveurs qui se trouvaient là par hasard, excitèrent aussi le ressentiment de Wakefield contre son ancien camarade, les uns poussés par l'ancienne haine contre les Écossais, qui, si elle survit encore quelque part, subsiste surtout dans les comtés de la frontière; les autres par cet amour général du mal, qui caractérise le genre humain dans tous les rangs, soit dit à l'honneur des enfans d'Adam. Le dieu des buveurs aussi, par qui la passion du moment, qu'elle soit bonne ou mauvaise, est toujours exaltée ou exaspérée, ne manqua pas de jouer son rôle en cette occasion; et, malheur aux amis faux et aux maîtres durs! fut un toast qui fit vider plus d'un pot de bière.

Cependant M. Ireby trouvait quelque amusement à retenir le bouvier écossais dans son vieux château. Il lui fit servir un morceau de bœuf froid avec un pot de bière écumante, et prit plaisir à voir l'excellent appétit avec lequel Robin Oig Mac-Combish dévorait cette chère inusitée. Le gentillâtre lui-même alluma sa pipe, et, pour accorder sa dignité patricienne avec son amour pour une causerie sur l'agriculture, il se promena dans la chambre pendant qu'il conversait avec son hôte.

DE LA CANONGATE. 83

— J'ai passé près d'un autre troupeau, dit-il, et c'était un de vos compatriotes qui le conduisait ; il était moins nombreux que le vôtre ; presque toutes bêtes sans cornes. Le conducteur était un gros homme, mais ce n'était pas de vos gens à kilt ; il portait une bonne paire de culottes : savez-vous qui ce peut être ?

— Vraiment oui : ce devait être, ce pouvait être, c'était sûrement Hugh Morrison ; je ne croyais pas qu'il pût être aussi avancé. Il a gagné un jour sur nous ; mais ses bêtes du comté d'Argyle doivent être bien fatiguées. A combien de milles était-il en arrière ?

— A environ six ou sept milles, je pense, répondit M. Ireby ; car je l'ai passé à Chrystenbury-Cragg, et je vous ai rejoint à Hollan-Bush. Si ses bêtes sont fatiguées, peut-être pourrait-on faire quelque bon marché avec lui.

— Non, non ; Hugh Morrison n'est pas un homme à bons marchés ; il vous faut rencontrer quelque pauvre Highlander comme Robin Oig pour cela. — Mais il faut que je vous souhaite une bonne nuit, et plutôt vingt qu'une, et que j'aille au Clachan voir si la mauvaise humeur de Harry Wakefield est passée.

La conversation était encore animée au cabaret, et la trahison de Robin Oig était toujours sur le tapis, quand le prétendu coupable entra dans la salle. Son apparition, comme c'est l'ordinaire en pareil cas, mit aussitôt fin à la discussion dont il était l'objet, et il fut reçu par la compagnie assemblée avec ce froid silence qui, mieux que mille exclamations, apprend à un importun qui arrive qu'il n'est pas le bienvenu. Surpris et offensé, mais non effrayé de l'accueil qu'il recevait,

Robin entra d'un air ferme et même un peu hautain, ne salua personne quand il vit que personne ne le saluait, et se plaça au coin du feu, à quelque distance d'une table devant laquelle Harry Wakefield, le bailli et deux ou trois autres personnes étaient assis. La cuisine, vaste comme toutes celles du Cumberland, aurait fourni bien de la place pour rendre la séparation encore plus complète.

Robin, ainsi placé, s'occupa d'allumer sa pipe, et demanda une pinte de bière à deux sous (1).

— Nous n'avons point de bière à deux sous, répondit le cabaretier Ralph Heskett; mais, comme tu te fournis toi-même de tabac, tu pourras probablement te fournir de boisson aussi; c'est l'habitude de ton pays, je crois.

— Fi donc! notre homme, dit l'hôtesse, ménagère à figure joyeuse et toujours en mouvement, qui s'empressa de servir la bière à son chaland; tu sais bien ce que veut cet étranger, et ton métier est d'être poli, entends-tu? Tu devrais savoir que si l'Écossais aime un petit pot, il le paie en bon argent.

Sans prendre garde à ce dialogue conjugal, le montagnard prit le vase dans sa main; et, s'adressant à la compagnie en général, il prononça pour toast les mots intéressans : — Aux bons marchés!

— Plût au ciel que le vent nous soufflât moins de marchands du nord, dit un des fermiers, et moins de vieilles vaches des montagnes pour dévorer les pâturages d'Angleterre !

(1) *Two-penny beer* — Éd.

— Par mon ame ! vous avez tort, mon ami, répondit Robin avec calme ; ce sont vos gros Anglais qui dévorent nos bestiaux écossais, pauvres bêtes !

— Je voudrais qu'il y eût quelqu'un qui dévorât leurs conducteurs, dit un autre ; un brave Anglais ne peut gagner son pain s'il y a un Écossais à un mille de distance.

— Et un honnête intendant ne peut pas conserver les bonnes graces de son maître sans qu'un Écossais vienne se glisser entre lui et le soleil, dit le bailli.

— Si ce sont des plaisanteries, dit Robin Oig avec le même calme, c'en est trop à la fois sur un seul homme.

— Nous ne plaisantons pas, nous parlons très-sérieusement, dit le bailli ; écoutez, M. Robin Ogg, ou quel que soit votre nom, il est bon de vous dire que nous n'avons tous qu'une opinion, et c'est que vous, M. Robin Oig, vous vous êtes conduit envers notre ami, M. Harry Wakefield, comme un drôle.

— Sans doute, sans doute, répondit Robin avec beaucoup de calme, et vous êtes d'excellens juges pour la cervelle et les manières, desquels je ne donnerais pas une prise de tabac. Si M. Harry Wakefield croit avoir été offensé, il sait le moyen de s'en faire justice.

— Il a raison, dit Wakefield qui avait écouté ce qui se passait, partagé entre le ressentiment qu'il avait conçu de la conduite récente de Robin et le souvenir de son ancienne amitié.

Il se leva alors, et alla vers Robin, qui quitta son siège en le voyant approcher et lui tendit la main.

—C'est cela, Harry! allons, servez-le bien! s'écriat-on de tous côtés. — Ne le ménagez pas! — Montrez-lui comment on se bat!

— Taisez-vous tous, et allez au diable! dit Wakefield; et, s'adressant alors à son camarade, il prit la main qu'il lui offrait avec un air d'égard et de défi tout à la fois. — Robin, dit-il, tu m'as joué un mauvais tour aujourd'hui; mais, si tu veux, comme un bon garçon, après nous être serré la main, te battre un moment avec moi de bon cœur sur le gazon, je te pardonnerai, et nous serons meilleurs amis que jamais.

— Ne vaudrait-il pas mieux être bons amis dès à présent, et qu'il ne soit plus question de rien? dit Robin ; nous serons bien meilleurs amis sans avoir donné ni reçu de coups, qu'après nous être cassé les os.

Harry Wakefield laissa tomber ou plutôt rejeta la main de son ami.

— Je ne croyais pas avoir eu un lâche pour compagnon pendant trois ans.

— Lâche est un nom qui ne m'appartient pas, ni à aucun des miens, dit Robin dont les yeux commençaient à s'enflammer, mais qui se maîtrisait encore. Je n'avais ni les jambes ni les mains d'un lâche, Harry Wakefield, quand je vous tirai du gué de Frew, au moment où vous étiez entraîné vers le rocher noir, et que toutes les anguilles de la rivière s'attendaient à avoir leur part de vos restes.

— Et c'est bien la vérité! dit l'Anglais, frappé du souvenir de la circonstance à laquelle Robin faisait allusion.

— Pardieu! s'écria le bailli, Harry Wakefield, le plus brave garçon qui se soit jamais montré à Whitson-Triste, à la foire de Wooler, à Carlisle-Sands, ou à Stagshaw-Bank, va-t-il donc empocher tranquillement un affront? Ah! voilà ce que c'est que de vivre si longtemps avec les gens à kilts et à toques: on oublie l'usage de ses poings.

— Je pourrais vous apprendre, maître Fleecebumpkin, que je n'ai pas perdu l'usage des miens, dit Wakefield; et continuant à s'adresser à Robin: — Nous ne pouvons pas en rester là, lui dit-il; il faut que nous jouions des mains, ou nous serions la risée de tout le pays. Le diable m'emporte si je te fais mal. — Je mettrai des gants si tu veux. Allons, avance-toi comme un homme.

— Pour être battu comme un chien, dit Robin; est-ce raisonnable? Si vous trouvez que j'aie eu quelque tort avec vous, je suis prêt à aller devant votre juge, quoique je ne connaisse ni sa loi ni son langage.

Un cri général s'éleva: — Non! non! pas de loi! pas d'homme de loi! Une poignée de coups, et puis soyez amis, répétèrent tous les spectateurs.

— Mais, continua Robin, s'il faut que je me batte, je ne sais pas me battre comme un singe, avec mes mains et mes ongles.

— Comment donc veux-tu te battre? dit son adversaire, quoique je craigne qu'il ne soit difficile de t'amener là de manière ou d'autre.

— Je voudrais me battre à l'épée, et baisser la pointe au premier sang comme un gentilhomme.

Un long éclat de rire suivit cette proposition, qui,

dans le fait, avait plutôt échappé au cœur gonflé du pauvre Robin qu'elle n'avait été dictée par son bon sens. — Gentilhomme en vérité ! répéta-t-on de toutes parts avec des éclats de rire inextinguibles; un beau gentilhomme, pardieu ! — Ralph Heskett, ne pourrais-tu procurer deux épées à ce gentilhomme?

— Non, mais je puis envoyer à l'arsenal de Carlisle, et leur prêter deux fourchettes pour s'essayer en attendant.

— Allons donc ! dit un autre; les braves Écossais viennent au monde avec la toque bleue sur la tête, le poignard et le pistolet à la ceinture.

— Il vaudrait mieux envoyer en poste, dit M. Fleecebumpkin, chercher le seigneur de Corby Castle pour servir de second au gentilhomme.

Au milieu de ce feu roulant de sarcasmes, le montagnard porta par instinct la main sous les plis de son plaid avec un mouvement de rage.

— Non, non, il vaut mieux n'en rien faire, dit-il dans sa propre langue; mille fois maudits soient les mangeurs de porc qui ne connaissent ni les convenances ni la politesse !

— Faites place, tous tant que vous êtes, dit-il en s'avançant vers la porte.

Mais son ancien ami interposa sa robuste personne pour l'arrêter, et quand Robin essaya de passer de force, il l'étendit sur le plancher aussi facilement qu'un enfant renverse une quille.

— Un cercle ! un cercle (1)! formons un cercle au-

(1) *A ring! a ring!* c'est le cri anglais pour former une arène aux boxeurs. — Éd.

tour des combattans! s'écria-t-on alors. Les poutres enfumées, les jambons qu'elles soutenaient et toute la vaisselle étalée sur le buffet en frémirent.

—Bravo ! Harry ! — Servez-le comme il faut, Harry ! — Prenez garde à lui maintenant, il voit son sang couler.

Pendant qu'on poussait des cris semblables, le montagnard se releva vivement, ayant perdu tout son sang-froid, et, livré entièrement à une rage frénétique, il s'élança sur son adversaire avec la fureur, l'activité et la soif de vengeance d'un tigre irrité. Mais que peut la rage contre la science et le sang-froid ? Dans cette lutte inégale, Robin Oig fut renversé de nouveau ; et comme le coup était nécessairement vigoureux, il resta sans mouvement sur le plancher de la cuisine. L'hôtesse accourut pour lui donner du secours ; mais M. Fleecebumpkin ne la laissa pas s'approcher.

—Laissez-le, dit-il, il se relèvera encore à temps (1), et recommencera le combat ; il n'a pas encore la moitié de ce qu'il lui faut.

— Il a cependant tout ce que je veux lui donner, dit son adversaire, dont le cœur commençait à se radoucir pour son ancien camarade ; et j'aimerais mieux vous donner le reste à vous, M. Fleecebumpkin ; car vous prétendez vous y connaître un peu, et Robin n'a pas même eu le soin de se déshabiller avant de commencer ; mais il s'est battu avec son plaid flottant. — Relevez-vous, Robin, mon ami ! tout est fini maintenant ; et

---

(1) Quand un boxeur renversé par son adversaire ne se relève pas dans un espace de temps convenu, il est déclaré vaincu.

ÉD.

que j'entende quelqu'un dire un mot contre vous, ou contre votre pays à cause de vous !

Robin Oig était encore sous l'influence de sa colère, et avait grande envie de rentrer en lice; mais, étant retenu par dame Heskett, qui cherchait à rétablir la paix, et voyant d'ailleurs que Wakefield ne voulait plus renouveler le combat, sa rage fit place à un silence sombre et menaçant.

— Allons, allons, ne prenez pas cela tant à cœur, mon ami, dit le brave Anglais avec l'humeur facile à apaiser de son pays; secouons-nous la main, et nous serons meilleurs amis que jamais.

— Amis ! s'écria Robin Oig avec beaucoup d'emphase,— amis ! — Jamais. Prenez garde à vous, Harry Wakefield !

— Eh bien ! que la malédiction de Cromwell tombe sur ton orgueilleuse tête écossaise, comme le dit quelqu'un dans une comédie; fais ce que tu voudras, et va-t'en au diable; car un homme ne peut rien dire de plus à un autre après avoir joué des poings, sinon qu'il en est fâché.

Ainsi se séparèrent les deux amis. Robin Oig tira en silence une pièce d'argent qu'il jeta sur la table, et quitta le cabaret; mais, se retournant à la porte, il montra le poing à Wakefield, puis leva un de ses doigts en l'air, d'une manière qui exprimait une menace ou un avis de se tenir sur ses gardes. Il disparut alors au clair de lune.

Il y eut après son départ une sorte de querelle entre le bailli, qui se piquait un peu de faire le fanfaron, et Harry Wakefield, qui, avec une inconséquence généreuse, était alors assez disposé à livrer un nouveau

combat pour défendre la réputation de Robin Oig. —
Quoique, dit-il, il ne sût pas se servir de ses poings
comme un Anglais, parce que cela ne lui était pas naturel. Mais dame Heskett empêcha cette seconde dispute
d'aller plus loin, en déclarant d'un ton péremptoire
qu'il n'y aurait plus de batterie dans sa maison, et qu'il
n'y en avait déjà eu que trop. — Et vous, M. Wakefield,
ajouta-t-elle, vous apprendrez peut-être ce que c'est que
de se faire un ennemi mortel d'un bon ami.

— Laissez donc, bonne dame; Robin Oig est un brave
garçon, et ne me gardera pas rancune.

— Ne vous y fiez pas. — Vous ne connaissez pas le
caractère sournois des Écossais, quoique vous ayez fait
affaire avec eux si souvent. Je dois le connaître, moi,
car ma mère était Écossaise.

— On le voit bien par sa fille, dit Ralph Heskett.

Ce sarcasme conjugal donna une autre tournure à la
conversation. Il arriva de nouveaux chalands, et d'autres
sortirent. L'entretien roula sur les marchés à venir, et
sur les prix des bestiaux dans les différentes parties de
l'Écosse et de l'Angleterre. — On commença quelques
marchés, et Harry Wakefield eut le bonheur de trouver
un acheteur pour une partie de son troupeau, à un profit
très-considérable. C'était un événement assez important
pour effacer de son cœur toute trace de la querelle désagréable qu'il venait d'avoir. Mais il restait quelqu'un de
l'esprit duquel ce souvenir n'aurait pu être effacé par la
possession de tous les bestiaux existant entre l'Esk et
l'Eden.

C'était Robin Oig Mac-Combish. — Faut-il que j'aie
été sans armes, dit-il, et pour la première fois de ma

vie! — Maudite soit la langue qui conseille au montagnard de quitter son poignard! — Son poignard! Ah! le sang anglais! — Les paroles de ma tante! — Quand ses paroles sont-elles tombées à terre?

Le souvenir de la fatale prophétie le confirma dans la résolution mortelle qu'il venait de former à l'instant.

— Ah! Morrison ne peut pas être bien loin; et quand il serait à cent milles, qu'importe?

Son caractère impétueux eut dès ce moment un but fixe et un motif d'action, et il marcha avec la vitesse commune à ses compatriotes, vers les plaines à travers lesquelles il savait, par le rapport de M. Ireby, que Morrison s'avançait. Son esprit était entièrement absorbé par le sentiment de l'injure qu'il avait reçue d'un ami, et par le désir de vengeance qu'il nourrissait contre celui qu'il considérait maintenant comme son ennemi le plus cruel. Ses idées chéries d'importance personnelle et de bonne opinion de lui-même, — de naissance et de rang imaginaire, lui étaient devenues d'autant plus précieuses, — comme le trésor de l'avare, — qu'il ne pouvait en jouir qu'en secret. Mais ce trésor n'était plus intact; les idoles qu'il avait adorées secrètement étaient profanées. Insulté, accablé d'injures, battu, il n'était plus digne, dans sa propre opinion, ni du nom qu'il portait, ni de la famille à laquelle il appartenait.

— Rien ne lui restait, — rien que la vengeance; et, comme ses réflexions devenaient plus amères à chaque pas, il jura que cette vengeance serait aussi soudaine et aussi signalée que l'offense.

Quand Robin Oig quitta le cabaret, il y avait au moins entre Morrison et lui sept à huit milles d'Angleterre de distance. La marche de Hugh était lente, comme l'exigeait le pas tardif de son troupeau; mais Robin laissait rapidement derrière lui les champs moissonnés, les routes bordées de haies, les chemins rocailleux et les terres incultes couvertes de bruyères; tout cet espace était rendu brillant par une gelée blanche et un beau clair de lune du mois de novembre. Il marchait à raison de six milles par heure; et déjà il entendit dans le lointain les mugissemens des bestiaux de Morrison; il commença à les voir pas plus gros que des taupes, et s'avançant lentement sur la vaste étendue d'un marais. Enfin il les rencontra, — passa outre, — et arrêta leur conducteur.

— Dieu nous garde! dit l'habitant des basses terres. — Est-ce vous, Robin Mac-Combish, ou est-ce votre wraith (1)?

— C'est Robin Oig Mac-Combish, répondit le montagnard, et ce n'est pas lui. Mais n'importe, donnez-moi le poignard.

— Quoi! retournez-vous aux montagnes? — Diable! — Avez-vous tout vendu avant la foire? C'est plus fort que les plus prompts marchés que j'aie vus.

— Je n'ai pas vendu; — je ne vais pas aux montagnes; — peut-être n'y retournerai-je jamais. — Rendez-moi mon poignard, Hugh Morrison, ou nous aurons une querelle.

— Vraiment, Robin, j'en veux savoir davantage avant de vous le rendre. — C'est une arme dangereuse dans

(1) Le *wraith* est l'ombre ou l'esprit d'un homme qui lui apparaît pendant qu'il est encore vivant, ce qui est regardé comme un signe de mort. — Éd.

la main d'un montagnard, et il me semble que votre tête trame quelque méfait.

— Allons! allons! donnez-moi mon arme, dit Robin Oig avec impatience.

— Tout doux! dit son ami avec la meilleure intention. Je vais vous dire ce qui vaut mieux que toutes ces affaires de poignard. —Vous savez que les montagnards, les habitants des basses terres et ceux des frontières sont tous frères une fois qu'ils sont sortis d'Écosse. Voyez! les gaillards d'Eskdale, le brave Charlie de Liddesdale, les jeunes gens de Lockerby, les quatre Dandies de Lustruther, et quelques autres plaids gris, sont là qui arrivent derrière nous; et si vous avez été offensé, foi de Manly Morrison, nous vous ferons rendre justice, quand tous les gens de Carlisle et de Stanwig devraient prendre part à la querelle.

— A vous dire vrai, reprit Robin Oig, qui voulait éluder les soupçons de son ami, je me suis engagé dans une compagnie des gardes noires (1), et il faut que je parte demain matin.

— Engagé! étiez-vous fou ou ivre? — Il faut vous racheter. Je puis vous prêter vingt billets, et vingt de plus si le troupeau se vend (2).

— Merci, merci, Hughie; mais je suis de bon cœur la route que j'ai prise. Ainsi le poignard! le poignard!

— Le voilà, puisque vous le voulez absolument. Mais songez à ce que je vous ai dit. — Par ma foi, ce

(1) *Black watch*. Nous avons déjà parlé de ce régiment régulier, composé de Highlanders. — Éd.

(2) La multiplication des banques rend les *billets* d'une livre sterling et au-dessus une *monnaie* très-commune. — Éd.

sera une triste nouvelle pour les filles de Balquidder quand elles apprendront que Robin Oig Mac-Combish a pris une mauvaise route.

— Triste nouvelle à Balquidder en effet, répéta le pauvre Robin; mais Dieu vous garde, Hughie, et vous favorise dans vos marchés. — Vous ne verrez plus Robin Oig à aucun rendez-vous ni à aucune foire.

A ces mots il serra à la hâte la main de son ami, et retourna sur ses pas avec la même vitesse.

— Ce garçon-là a quelque chose, murmura Morrison; mais c'est ce que nous verrons peut-être mieux demain matin.

Mais long-temps avant le point du jour la catastrophe de notre histoire était arrivée. Il y avait deux heures que la querelle avait eu lieu, et elle était presque oubliée, quand Robin Oig retourna au cabaret d'Heskett. La chambre était remplie de différentes sortes de personnes. Chacun parlait à sa manière; les voix graves et les chuchotemens de ceux qui s'occupaient activement d'affaires se mêlaient aux rires, aux chansons et aux plaisanteries bruyantes de ceux qui n'avaient rien à faire que de se réjouir. Parmi ces derniers était Harry Wakefield, qui, au milieu d'un groupe de rieurs avec leurs grosses redingotes, leurs souliers à clous et leurs joyeuses physionomies anglaises, répétaient la vieille chanson :

> Je suis Roger; je conduis tour à tour
> Et la charrue et la voiture.

Il fut interrompu par une voix bien connue, disant d'un ton élevé et sévère, marqué d'un fort accent des montagnes : — Harry Wakefield, si vous êtes un homme, levez-vous.

— Qu'est-ce? qu'y a-t-il? se demandèrent les assistans les uns aux autres.

— Ce n'est qu'un maudit Écossais, dit Fleecebumpkin, qui alors était tout-à-fait ivre, à qui Harry Wakefield a déjà servi son potage aujourd'hui, et qui vient maintenant encore pour le faire réchauffer.

— Harry Wakefield, dit l'Écossais répétant sa fatale sommation, levez-vous si vous êtes un homme.

Il y a dans le ton d'une colère profonde et concentrée quelque chose qui attire l'attention et inspire la crainte même par le seul son de la voix. Les spectateurs se reculèrent de tous côtés, et fixèrent leurs yeux sur le montagnard, qui se tenait debout au milieu d'eux, fronçant le sourcil, et exprimant par ses traits une résolution bien prononcée.

— Je me leverai bien volontiers, Robin mon garçon, mais ce sera pour nous serrer la main, et boire à l'oubli de toute animosité. Ce n'est pas la faute de votre courage si vous ne savez pas vous servir de vos poings.

En parlant ainsi, il s'était placé debout vis-à-vis de son adversaire, et son air ouvert et confiant contrastait étrangement avec la ferme résolution de vengeance qui brillait dans les yeux sombres et sauvages d'un montagnard.

— Ce n'est pas ta faute, te dis-je, mon garçon, si, n'ayant pas le bonheur d'être Anglais, tu ne sais pas te battre mieux qu'une jeune fille.

— Je *sais* me battre, répondit Robin d'un air sévère, mais calme, et vous allez l'apprendre. Harry Wakefield, vous m'avez montré ce matin comment se bat un manant saxon; — je vous montre maintenant comment se bat un noble dunni-wassel (1) des Highlands.

L'action suivit la parole, et Robin, tirant à l'instant son poignard, le plongea dans la large poitrine de l'Anglais. Le coup fut si fort et si sûr, que la poignée résonna sourdement contre le sternum, et la lame à deux tranchans pénétra jusqu'au cœur de la victime. Harry Wakefiel tomba, et expira sans pousser un seul cri. Son assassin saisit alors le bailli au collet, et lui mit le poignard sanglant sous la gorge, tandis que la terreur et la surprise rendaient l'autre incapable de défense. — Je devrais vous jeter mort à côté de lui, dit-il; mais le sang d'un être vil et rampant ne se mêlera jamais sur le poignard de mon père avec celui d'un brave homme.

En parlant ainsi, il poussa le bailli avec une telle force qu'il tomba sur le plancher, tandis que Robin, de l'autre main, jeta l'arme fatale au milieu du foyer.

— Allons, dit-il, me prenne qui voudra, — et que le feu efface le sang, s'il le peut.

L'étonnement tenait encore tous les spectateurs immobiles, quand Robin demanda un officier de justice; un constable arriva, et Robin se rendit à lui.

— Vous avez fait une belle besogne cette nuit, dit le constable; répandre ainsi le sang.

— C'est votre faute, répondit le montagnard. Si vous l'aviez retenu et empêché de me frapper il y a deux heures, il serait maintenant aussi bien portant et aussi gai qu'il l'était il y a deux minutes.

(1) Un gentilhomme. — Éd.

— La réparation en sera terrible, répliqua l'officier de justice.

— Qu'importe? la mort paie toutes les dettes; elle paiera celle-là aussi.

L'indignation commença alors à succéder à l'horreur parmi les spectateurs; et la vue d'un compagnon favori assassiné au milieu d'eux, quand la provocation avait été si peu proportionnée à cet excès de vengeance, aurait pu les pousser à tuer le meurtrier sur le lieu même. Mais l'officier de justice fit son devoir dans cette occasion, et, avec l'assistance de quelques-uns des spectateurs les plus raisonnables, il se procura des gardes à cheval pour conduire le prisonnier à Carlisle, pour y être mis en jugement aux prochaines assises. Pendant que l'escorte se préparait, le prisonnier n'exprima pas la moindre crainte, ou n'essaya pas de faire la moindre réponse. Seulement, avant d'être emmené hors de cette chambre fatale, il voulut regarder le cadavre, qu'on avait relevé et placé sur la grande table, au bout de laquelle Harry Wakefield avait présidé, quelques minutes auparavant, plein de vie, de force et de gaieté. Jusqu'à ce que les chirurgiens vinssent examiner la blessure mortelle, on avait par décence couvert la figure d'une serviette. A la surprise et à l'horreur des assistans, dont l'exclamation générale fut prononcée les dents serrées et les lèvres à demi fermées, Robin Oig retira la serviette, et fixa un regard triste, mais ferme, sur le visage inanimé de celui qui avait perdu la vie si récemment, que le sourire de bonne humeur, de confiance dans sa propre force, de conciliation tout à la fois et de mépris pour son ennemi, semblait encore se dessiner sur ses lèvres. Tandis que les spectateurs paraissaient croire que la blessure qui venait de remplir l'appartement de sang allait se rouvrir et couler de nouveau sous la main de l'homicide, Robin Oig replaça la serviette en s'écriant simplement : — C'était un bel homme.

Mon récit est à peu près terminé. Le malheureux montagnard fut jugé à Carlisle. J'étais présent moi-même, et en ma qualité de jeune jurisconsulte, ou au moins d'avocat écossais et d'homme d'un certain rang, le shériff du Cumberland eut l'honnêteté de m'offrir une place sur le banc des magistrats.

Les faits du procès furent détaillés et prouvés dans l'audition des témoins de la manière dont je les ai racontés ; et, quels que pussent être d'abord les préjugés de l'audience contre un crime aussi contraire au caractère anglais que celui d'assassiner par vengeance, cependant, quand on eut entendu l'explication des préjugés nationaux enracinés du prisonnier, qui le faisaient se considérer comme souillé d'un déshonneur ineffaçable après avoir souffert une violence personnelle ; quand on considéra quelle patience et quelle modération il avait d'abord montrées, la générosité anglaise se trouva disposée à regarder son crime plutôt comme l'erreur fatale d'une fausse idée d'honneur, que comme le fait d'un cœur naturellement barbare ou perverti par l'habitude du crime. Je n'oublierai jamais le résumé du vénérable juge au jury, quoique je ne fusse alors guère disposé à me laisser toucher par ce qui était éloquent ou pathétique.

— «Notre devoir a été jusqu'ici dit-il, en faisant allusion à quelques procès qui avaient précédé celui de

Robin, de discuter des crimes qui excitent le dégoût et l'horreur, tout en appelant sur eux la juste vengeance de la loi. Nous avons maintenant à remplir un devoir plus pénible encore, c'est d'appliquer ses arrêts salutaires, même dans leur sévérité, à un cas tout-à-fait particulier, dans lequel le crime, car c'est un crime, et c'en est un grand, a été produit moins par la méchanceté du cœur que par l'erreur du jugement, moins par l'envie de mal faire que par une notion malheureusement pervertie de ce qui est bien. Voici deux hommes qui, nous a-t-on dit, étaient estimés dans leur classe, et qui paraissent avoir été mutuellement attachés par les liens de l'amitié : la vie de l'un a déjà été sacrifiée à un funeste point d'honneur, et celle de l'autre est sur le point de subir la vengeance des lois offensées ; et cependant tous deux peuvent réclamer au moins notre compassion, comme ayant agi dans l'ignorance de leurs préjugés nationaux réciproques, et en hommes malheureusement égarés, plutôt que comme ayant dévié volontairement du droit chemin.

» Dans la cause originaire de la querelle, nous devons, par justice, donner raison au prisonnier qui est devant nous. Il avait acquis possession de l'enclos, objet de la dispute, par un contrat légal avec le propriétaire M. Ireby ; et cependant, quand il se vit accabler de reproches injustes en eux-mêmes, et doublement amers sans doute pour un caractère irascible, il offrit de céder la moitié de son acquisition pour conserver la paix et se montrer bon camarade ; mais sa proposition amicale fut rejetée avec mépris. Vient ensuite la scène au cabaret de M. Heskett. Vous observerez comment le prisonnier y fut traité par le défunt, et je regrette d'être obligé d'ajouter par les spectateurs, qui semblent l'avoir excité de manière à l'exaspérer au plus haut degré : tandis qu'il ne demandait qu'à conserver la paix ou à entrer en arrangement, et qu'il offrait de se soumettre à un magistrat ou à un arbitre mutuel, le prisonnier fut insulté par toute la compagnie, qui sembla en cette occasion avoir oublié la maxime nationale de l'égalité dans le combat; et quand il chercha à s'échapper paisiblement de la chambre, il fut arrêté, renversé, battu, et il vit même couler son sang.

» Messieurs les jurés, ce n'est pas sans impatience que j'ai entendu mon éloquent confrère, l'avocat de la couronne, donner une tournure défavorable à la conduite du prisonnier dans cette occasion.

» Le prisonnier, nous a-t-il dit, craignant de rencontrer son adversaire dans une lutte égale et de se soumettre aux lois du combat, eut recours, comme un lâche Italien, à son fatal stylet, pour assassiner l'homme avec lequel il n'osait pas se mesurer en homme.

» J'ai remarqué que le prisonnier frémissait à cette partie de l'accusation, qu'il semblait repousser avec toute l'horreur naturelle à un homme brave; et comme je désire que mes paroles fassent impression quand je fais ressortir son crime réel, je dois aussi le convaincre de mon impartialité en réfutant tout ce qui me paraît être une fausse accusation. Il ne peut y avoir de doute que le prisonnier ne soit un homme de résolution, — de trop de résolution. — Plût au ciel qu'il en eût eu moins, ou du moins qu'il eût reçu une meilleure éducation pour la diriger !

» Messieurs, quant aux lois du combat dont parle mon confrère, elles peuvent être des lois dans les endroits où se donnent les combats de taureaux, d'ours et de coqs, mais elles ne le sont pas ici. Ou, si elles peuvent être admises simplement comme fournissant une sorte de preuve qu'il n'y avait pas de préméditation dans ce genre de combat, dont il résulte quelquefois de fatals accidens, elles ne peuvent l'être que quand les deux parties sont *in pari casu*, connaissent aussi bien l'une que l'autre ce combat corps à corps, et consentent également à s'en rapporter à cette espèce d'arbitrage. Mais prétendra-t-on qu'un homme supérieur à la foule par son rang et son éducation doive être soumis ou obligé de se soumettre à cette lutte grossière et brutale, peut-être contre un adversaire plus jeune, plus fort ou plus habile ? Certainement le code du pugilat même, s'il est fondé, comme le prétend mon confrère, sur la maxime de la vieille Angleterre, c'est-à-dire le combat à armes égales, ne peut contenir rien d'aussi absurde. Et, messieurs les jurés, si les lois permettent à un Anglais de distinction, portant, je suppose, son épée, de s'en servir pour se défendre par la force contre une violente agression personnelle de la nature de celle que le prisonnier a soufferte, elles ne protégeront pas moins un étranger, dans les mêmes circonstances pénibles. Si donc, messieurs les jurés, l'accusé, quand il se vit ainsi pressé par une force majeure, quand il se vit l'objet des insultes de toute une compagnie, et en butte à la violence directe de l'un d'eux au moins, et, comme il pourrait raisonnablement le craindre, de plusieurs autres ; si alors, dis-je, l'accusé avait tiré l'arme que ses compatriotes, nous dit-on, portent généralement sur eux, et que la même circonstance que vous avez entendu rapporter par les témoins en eût été le résultat, je n'aurais pas pu en conscience vous demander de le déclarer coupable de meurtre. La défense personnelle du prisonnier aurait pu, il est vrai, même dans ce cas, excéder plus ou moins les limites de ce que les jurisconsultes appellent *moderamen inculpatæ tutelæ*; mais la peine encourue aurait été celle que la loi prononce contre l'homicide, et non contre le meurtre. Et je dois ajouter que j'aurais cru que ce genre d'accusation moins grave devait s'appliquer au cas présent, malgré le statut de Jacques Ier, chap. 8, qui prive du bénéfice du clergé (1) le cas de meurtre commis avec une arme courte, même sans préméditation (2). Car ce statut contre l'usage du poignard, ainsi qu'on l'appelle, fut produit par une cause temporaire; et, comme le crime réel est le même, que le meurtre soit commis avec un poignard, une épée ou un pistolet, l'indulgence de la loi moderne place tous ces cas sur la même ligne ou à peu près.

« Mais, messieurs les jurés, le point de la question dans le cas présent est l'intervalle écoulé entre l'infliction de l'outrage et la fatale vengeance. Dans la chaleur

---

(1) Exception de la peine de mort. — Éd.

(2) Le texte même explique la notable différence qui existe en Angleterre entre le meurtre (*murder*), et l'homicide (*manslaughter*.) Le meurtre ou assassinat avec préméditation, est réputé félonie, c'est-à-dire punissable par la peine capitale sans *bénéfice du clergé*, c'est-à-dire sans commutation de peine : l'homicide peut être excusable, etc. — Éd.

du moment, ou, pour employer le terme légal, dans *la chaude mêlée*, la loi, prenant en pitié les infirmités de la nature humaine, a quelque égard aux passions qui dominent dans un pareil moment de fureur, au sentiment de la douleur présente, à la crainte de maux plus graves, à la difficulté de préciser avec une juste exactitude le degré de violence nécessaire pour protéger la personne de l'individu attaqué sans injurier ou blesser celle de l'agresseur plus qu'il n'est absolument indispensable. Mais le temps nécessaire pour faire douze milles, quelque prompte qu'ait été la marche, était un intervalle qui devait suffire au prisonnier pour revenir à lui-même; et la violence avec laquelle il a exécuté son dessein, accompagnée de tant de circonstances qui prouvent une préméditation, n'a pu être l'impulsion ni de la colère ni de la crainte : c'était le plan et l'acte d'une vengeance arrêtée d'avance, à laquelle la loi ne peut, ne veut ni ne doit accorder aucune compassion ni avoir aucun égard. Il est vrai, nous pouvons nous le répéter à nous-mêmes en atténuation de l'action fatale du malheureux accusé, que son cas est tout-à-fait particulier. Le pays qu'il habite était, dans un temps qu'ont pu voir beaucoup de personnes existant encore aujourd'hui, inaccessible, non-seulement aux lois de l'Angleterre, qui n'y ont même pas encore pénétré, mais même aux lois auxquelles nos voisins d'Écosse sont soumis, et que nous devons supposer être, comme elles le sont sans doute réellement, fondées sur les principes généraux de justice et d'équité qui gouvernent tous les pays civilisés. Dans leurs montagnes comme parmi les Indiens du nord de l'Amérique, les diverses tribus étaient habituées à guerroyer entre elles, de sorte que chaque homme était obligé d'aller armé pour sa propre défense ou pour venger l'insulte faite à son voisin. Ces hommes, par les idées qu'ils avaient de leur propre origine et de leur importance personnelle, se regardaient comme autant de cavaliers ou d'hommes d'armes plutôt que comme les paysans d'une contrée paisible. Les lois du pugilat, comme les appelle mon confrère, étaient inconnues à cette race de montagnards guerriers. Cette décision des querelles par les seules armes que la nature a données à tous les hommes doit leur avoir paru aussi ignoble et aussi absurde qu'elle le paraît à la noblesse de France. La vengeance, d'un autre côté, doit avoir été aussi familière à leurs habitudes sociales qu'à celles des Cherokees ou des Mohawks. C'est vraiment au fond, comme l'a dit Bacon, une sorte de justice sans règle; car la crainte de la vengeance doit lier les mains de l'oppresseur quand il n'y a pas de loi reconnue pour réprimer la violence. Mais quoiqu'on puisse admettre tous ces raisonnemens, et quoique nous devions convenir que, tel ayant été l'état des montagnards d'Écosse du temps des ancêtres du prisonnier, beaucoup de ces opinions et de ces sentimens doivent encore conserver leur influence sur la génération actuelle, ils ne peuvent ni ne doivent, même dans le cas présent, quelque pénible qu'il soit, rien changer à l'exercice de la loi, soit entre vos mains, messieurs les jurés, soit dans les miennes. Le premier objet de la civilisation est de mettre la protection générale de la loi, également administrée, à la place de cette justice sauvage que chaque homme se rendait à lui-même, suivant la longueur de son épée ou la force de son bras. La loi dit aux sujets, d'une voix qui ne le cède qu'à celle de la Divinité : — La vengeance m'appartient. Du moment que la passion a le temps de se calmer, et la raison celui d'intervenir, l'offensé doit savoir que la loi prend sur elle le droit exclusif de décider ce qui est juste ou injuste entre les parties, et oppose sa barrière inviolable à toute tentative individuelle de se rendre justice à soi-même. Je le répète, ce malheureux doit être personnellement l'objet de notre pitié plutôt que de notre horreur ; car il a failli, dans son ignorance, et par de fausses notions d'honneur. Mais son crime n'en est pas moins celui de meurtre, messieurs, et c'est votre devoir de le déclarer. Les Anglais ont leurs passions haineuses aussi-bien que les Écossais ; et si l'action de cet homme restait impunie, vous pourriez faire sortir du fourreau, sous divers prétextes, mille poignards depuis l'extrémité du Cornouaille jusqu'aux îles Orcades. »

Ce fut ainsi que le vénérable juge termina son résumé ; à en juger par son émotion visible, et par les larmes qui remplissaient ses yeux, ce fut réellement pour lui une tâche pénible. Le jury, suivant ses instructions, déclara l'accusé coupable ; et Robin-Oig Mac-Combich, autrement dit Mac-Gregor, fut condamné à mort, et conduit à l'échafaud où il fut exécuté. Il subit la mort avec une grande fermeté, et reconnut la justice de sa sentence. Mais il repoussa avec indignation les observations de ceux qui l'accusaient d'avoir attaqué un homme désarmé. — Je donne ma vie pour la vie que j'ai prise, dit-il ; que puis-je faire de plus ?

CHAPITRE XV.

> « Allons, ma Muse, il faut chanter,
> « Puisqu'on en a sommé ta lyre ;
> » L'éloge ne doit rien coûter
> » Quand c'est la cour qui le désire. »
>
> *Odes d'épreuves.*

La conclusion d'une entreprise littéraire, en tout ou en partie, est, du moins pour celui qui n'y est pas accoutumé, suivie d'une titillation irritante, semblable à celle qui accompagne la guérison d'une blessure ; c'est une démangeaison, une impatience, en un mot, de savoir ce que le monde en général, et nos amis en particulier, diront de nos travaux. On m'assure que quelques auteurs professent à ce sujet toute l'indifférence d'une huître ; quant à moi, j'ai peine à croire à leur sincérité ; il est possible que d'autres l'acquièrent par habitude : mais, à mon avis, un humble néophyte tel que moi doit être long-temps incapable d'un tel *sang-froid*.

Franchement, j'étais honteux de sentir combien il entrait d'enfantillage dans les sentimens que j'éprouvais en cette occasion. Personne n'aurait pu dire de plus belles choses que moi sur l'importance du stoïcisme relativement à l'opinion des autres, quand leur approbation ou leur blâme ne porte que sur le mérite littéraire; et je m'étais bien promis de placer mon ouvrage sous les yeux du public avec la même indifférence que l'autruche place ses œufs dans le sable, sans se donner l'embarras de les couver, et laissant à l'atmosphère le soin de faire éclore ses petits ou de les faire périr dans la coquille, suivant la température du climat. Mais, quoique autruche en théorie, je devins en pratique une pauvre poule qui n'a pas plus tôt pondu son qu'elle se met à courir de côté et d'autre en caquet pour attirer l'attention de chacun sur l'œuvre merveilleuse qu'elle vient de produire.

Dès que je tins en main mon premier volume bien cousu et proprement cartonné, le besoin de le communiquer à quelqu'un devint pour moi un sentiment irrésistible. Janet était inexorable, et paraissait déjà fatiguée de mes confidences littéraires; car toutes les fois que j'approchais de ce sujet, après avoir paré mes attaques aussi long-temps qu'elle le pouvait, elle faisait sa retraite, sous quelque prétexte, dans la cuisine ou dans le grenier, qui étaient ses domaines privés et inviolables. Mon éditeur aurait été une ressource assez naturelle; mais il entend trop bien ses affaires, et il s'en occupe avec trop de soin, pour vouloir entrer dans des discussions littéraires, pensant avec raison que celui qui a des livres à vendre n'a guère le temps de les lire.

Maintenant que j'ai perdu mistress Bethune Baliol, je n'ai d'autres connaissances que des gens que je vois par hasard et de loin en loin; je n'aurais pas assez de hardiesse pour leur communiquer la nature de mes inquiétudes, et probablement ils ne feraient que rire à mes dépens si je faisais une tentative pour leur faire prendre intérêt à mes travaux.

Réduit ainsi à une sorte de désespoir, je songeai à mon ami, à mon homme d'affaires, à M. Fairscribe. Je savais que ses habitudes n'étaient pas de nature à lui inspirer de l'indulgence pour la littérature légère, et j'avais même remarqué plus d'une fois que ses filles, et surtout ma petite chanteuse, s'empressaient de cacher s leur ridicule, dès que leur père entrait dans l'aptement, ce qui m'avait l'air d'être un volume emprunté dans un cabinet de lecture. Néanmoins M. Fairscribe était non-seulement mon ami bien assuré, mais presque mon unique ami; et je ne pouvais guère douter que, par amitié pour l'auteur, il ne prît à mon volume un intérêt que l'ouvrage ne parviendrait peut-être pas à lui inspirer. Je lui envoyai donc mon livre sous enveloppe bien cachetée, en le priant de me faire le plaisir de m'en donner son opinion, et en affectant de lui en parler avec ce style de dépréciation qui exige qu'on vous donne un démenti formel si votre correspondant possède la moindre dose de civilité.

Cet envoi eut lieu un lundi, et je m'attendais tous les jours à recevoir une invitation (— que j'étais honteux de prévenir en arrivant sans être invité, quoique certain d'être bien reçu —), une invitation soit à manger un œuf, ce qui était l'expression favorite de mon ami, soit à prendre le thé avec les miss Fairscribe, soit tout au moins à aller déjeuner avec mon ami hospitalier, mon bienfaiteur, pour causer ensuite de ce que je lui avais envoyé. Mais les heures et les jours s'écoulèrent depuis le lundi jusqu'au samedi, et je ne reçus pas même un mot qui me prouvât que mon paquet était arrivé à sa destination. — Cela ne ressemble guère à la ponctualité de mon ami, pensai-je ; et ayant mis plusieurs fois à la torture mon jockey James, en lui faisant subir des interrogatoires répétés sur le temps et le lieu de la remise de mon paquet, il ne me resta plus qu'à tourmenter mon imagination pour trouver la raison du silence de M. Fairscribe. Tantôt je pensais que son opinion n'avait pas été favorable à mon ouvrage, et qu'il lui en coûtait de blesser mon amour-propre en m'en faisant part ; tantôt je m'imaginais que mon volume, échappé des mains de celui à qui il était destiné, s'était glissé dans son étude, et était devenu un sujet de critique pour des clercs goguenards et des apprentis pleins de fatuité. — Morbleu ! me dis-je à moi-même, si j'en étais sûr, je.....

— Et que feriez-vous ? me dit la Raison après quelques momens de réflexion. Votre ambition est d'introduire votre ouvrage dans tous les appartemens d'Édimbourg où l'on s'occupe de lire et d'écrire, et vous prenez feu à la seule idée qu'il puisse être critiqué par les jeunes gens qui travaillent chez M. Fairscribe ! Fi donc ! soyez plus conséquent.

— Je serai conséquent, murmurai-je avec humeur, mais, malgré tout cela, j'irai ce soir chez M. Fairscribe.

Je dînai à la hâte, je mis ma redingote, car le temps

était à la pluie, et je me rendis chez mon ami. Le vieux domestique entr'ouvrit la porte avec précaution, et me dit avant que je lui eusse fait la question d'usage : — M. Fairscribe est chez lui, monsieur ; mais c'est aujourd'hui la nuit du dimanche. Cependant, reconnaissant ma voix et mes traits, il ouvrit tout-à-fait la porte, me fit entrer, et me conduisit dans le salon, où je trouvai mon ami et toute sa famille attentifs à un sermon de feu M. Walker, d'Édimbourg, que miss Catherine lisait très-distinctement, quoique avec simplicité et avec un jugement peu commun. Mais je crois que l'excellente logique de M. Walker et la précision de ses expressions perdirent pour moi quelque chose de leur force. Je sentis que j'avais pris un moment peu convenable pour venir relancer M. Fairscribe, et lorsque la lecture fut terminée je me levai pour prendre congé, un peu précipitamment, à ce que je crois. — Une tasse de thé, M. Croftangry, dit miss Catherine. — Vous resterez pour prendre votre part d'un souper presbytérien, dit M. Fairscribe ; — il est neuf heures, et je me fais un devoir d'être exact à l'heure qu'avait fixée mon père le soir du dimanche. Peut-être verrons-nous le docteur (1). Et il me nomma un respectable ecclésiastique.

Je le priai de m'excuser si je n'acceptais pas son invitation, et je crois que ma visite inattendue et ma retraite précipitée le surprirent un peu ; car, au lieu de me conduire à la porte, il me fit entrer dans son cabinet.

— De quoi s'agit-il donc, M. Croftangry ? me de-

(1) Docteur en théologie. — Éd.

manda-t-il; cette soirée ne doit pas être destinée aux affaires de ce monde; mais s'il vous était arrivé quelque chose de soudain ou d'extraordinaire.....

— Rien, absolument rien, répondis-je, me déterminant à un aveu, comme le meilleur moyen de sortir d'embarras; seulement, — seulement je vous ai envoyé un petit paquet, et comme vous êtes si exact à accuser réception des lettres et papiers qu'on vous adresse, j'ai — j'ai craint qu'il ne se fût égaré. Voilà tout.

Mon ami rit de tout son cœur, comme s'il eût pénétré mes motifs et qu'il eût joui de ma confusion. — Égaré! répéta-t-il; non, non, il ne s'est pas égaré; le vent du monde envoie toujours les vanités du monde dans le port. Mais nous sommes à la fin de la session, et j'ai peu de temps pour lire autre chose que des pièces de procédure (1). Cependant si vous voulez venir manger vos choux avec nous samedi prochain, je parcourrai votre ouvrage, quoique bien certainement je ne sois pas un juge compétent en pareille matière.

Il fallut bien me contenter de cette promesse, et je le quittai, non sans être à demi persuadé que si le flegmatique procureur commençait une fois à lire le fruit de mes veilles, il ne pourrait en détacher ses yeux avant d'en avoir fini la lecture, ni laisser écouler le moindre intervalle entre l'instant où il l'aurait terminée et celui où il demanderait une entrevue à l'auteur.

(1) Littéralement : *inner-house papers, les papiers de la maison intérieure.* Nous avons fait connaître, dans les notes de *la Prison d'Édimbourg*, la distribution des salles de Parliament-house; l'*inner-house* est celle où se jugent les affaires civiles devant le lord ordinary. — Éd.

Je ne vis pourtant aucunes marques d'une telle impatience. Le temps vif ou indolent, comme le dit mon amie Joanna (1), courant la poste ou marchant à loisir, continua sa course ordinaire; et le samedi suivant j'étais à la porte de mon ami comme quatre heures sonnaient. Il ne dînait jamais qu'à cinq; mais que savais-je s'il ne désirait pas avoir une demi-heure de conversation avec moi avant le repas? On me fit entrer dans le salon, où il ne se trouvait personne; et d'après un livret à aiguilles et une boîte à ouvrage qui paraissaient avoir été abandonnés à la hâte, j'eus quelque raison de croire que j'avais interrompu ma petite amie miss Katie dans quelque travail domestique moins élégant ne digne d'éloges: car, dans ce siècle critique, la piété filiale doit se cacher dans un coin si elle veut raccommoder le linge de son père (2).

Quelques instans après, je fus encore plus convaincu que j'étais arrivé beaucoup trop tôt, en voyant entrer une servante qui venait chercher la boîte à ouvrage, et qui recommanda à mon attention un gentilhomme rouge et vert, placé dans une cage, qui répondit à toutes mes avances en criaillant: — Vous êtes un fou! — vous êtes un fou (3), vous dis-je; si bien qu'à la fin je commen-

(1) Sans doute miss Joanna Baillie. — ÉD.

(2) Les Anglaises et les Écossaises, qui entendent sans rougir au théâtre Othello traiter sa femme de *strumpet*, ne prononceraient pour rien au monde le mot *thigh*: le mot *chemise* n'est guère plus décent; mais il est surtout honteux pour une Anglaise d'être surprise une culotte ou une chemise à la main, quelque urgente que soit la réparation de ces *vêtemens nécessaires*. — ÉD.

(3) Paroles qu'on apprend aux perroquets en Angleterre et en Écosse. — ÉD.

çai, sur ma foi, à croire que le perroquet avait raison. Enfin mon ami arriva un peu échauffé ; il avait été faire une partie de golf (1) pour se préparer à — *un entretien sublime* (2). Et pourquoi non, puisque ce jeu avec sa variété de chances, ses points, ses avantages, ses longueurs, ses balles placées sur de petites buttes de terre, est une image assez juste des hasards qui suivent les travaux littéraires ? En particulier, ces coups formidables qui font filer une balle dans l'air comme le plomb sorti d'un fusil, et en frappent une autre de manière à la faire entrer dans la terre sur laquelle elle était placée par la maladresse ou par la malice du joueur, ne sont-ils pas des emblèmes parfaits des articles favorables ou critiques des journalistes, qui jouent au golf avec les nouveaux ouvrages, comme Altisidore, en approchant de la porte des régions infernales, vit les diables jouer à la raquette avec les livres nouveaux, du temps de Cervantes (3) ?

Eh bien! chaque heure a sa fin. Cinq heures sonnèrent, et mon ami ainsi que ses filles et son jeune fils, beau garçon qui, quoique solidement cloué devant un bureau, tourne quelquefois la tête pour admirer par-dessus son épaule un élégant uniforme, s'occupèrent

---

(1) *Golf* est le nom d'un jeu de balle usité en Écosse, et qui est à peu près le jeu de mail. On y joue avec des crosses ou maillets dont on frappe la balle pour la faire entrer d'un trou dans un autre. Celui qui la fait entrer dans le trou en moins de coups gagne la partie. Les *Golfers* ou joueurs de golf forment une espèce de compagnie comme les *archers*. — Éd.

(2) *Colloquery sublim.* Expression de Milton. — Éd.

(3) Seconde partie de Don Quichotte. — Éd.

très-sérieusement à satisfaire les besoins physiques de la nature, tandis que moi, stimulé par un plus noble appétit, j'aurais voulu que sans la cérémonie de découper, de servir, d'offrir, d'accepter, de mâcher et d'avaler, l'attouchement d'une baguette magique eût pu transporter en un instant une quantité suffisante des bonnes choses qui se trouvaient sur la table hospitalière de mon ami dans l'estomac des convives qui l'entouraient, pour y être converties à loisir en chyle, tandis que leurs pensées s'élèveraient à des matières plus importantes. Enfin le dîner se termina ; mais les miss Fairscribe ne pensaient pas à quitter la table : elles se mirent à parler de la musique du Freischütz (1), et il ne fut plus question que de cet opéra. Nous discutâmes donc le mérite de l'ariette du chasseur sauvage, de celle du chasseur familier, etc., etc. ; et sur cet objet mes jeunes amies ne tarissaient pas. Heureusement pour moi le son des cors et des flûtes céda à une allusion qui fut faite au septième régiment de hussards ; et ce brave régiment est, à ce que je remarque, un sujet d'entretien qui a plus d'attrait pour miss Catherine et son frère que pour mon vieil ami. Ayant tiré sa montre, M. Fairscribe dit à son fils quelques mots significatifs sur l'heure de retourner à son bureau. M. James se leva avec l'air d'aisance d'un jeune homme qui voudrait passer pour homme à la mode plutôt que pour homme d'affaires, et chercha, non sans quelque succès, à sortir de la salle à manger comme si ce mouvement eût été parfaitement volontaire. Miss Catherine et ses sœurs se retirèrent en

---

(1) Le Robin des Bois de l'Odéon de Paris. — Éd.

même temps; et maintenant, pensai-je, l'instant critique est arrivé.

Lecteur, avez-vous jamais, dans le cours de votre vie, joué un tour aux cours de justice et aux hommes de loi en consentant à confier à un ami commun le soin de décider une question douteuse et importante? Si cela est, vous pouvez avoir remarqué le changement relatif que subit à vos yeux cet arbitre quand votre propre et libre choix a érigé une simple connaissance, dont les opinions n'étaient pas plus importantes pour vous que les vôtres ne l'étaient pour lui, en un personnage supérieur, de la décision duquel votre destin doit dépendre *pro tanto*, comme le dirait mon ami M. Fairscribe. Ses regards prennent un air mystérieux, sinon menaçant; son chapeau paraît plus relevé, et sa perruque, s'il en porte une, est bouclée d'une manière plus formidable.

Je sentis donc que mon bon ami Fairscribe avait acquis à mes yeux de la même manière, en cette occasion, quelque accroissement d'importance. Huit jours auparavant il passait dans mon esprit pour un homme ayant sans doute d'excellentes intentions, parfaitement en état de prononcer sur tout ce qui concernait sa profession, mais aussi incapable de porter un jugement en affaire de goût qu'aucun des puissans Goths qui eussent jamais fait partie de l'ancien sénat d'Écosse, ou qui lui eussent appartenu. Mais qu'importe? je l'avais constitué mon juge par mon propre choix, et j'ai souvent remarqué que l'idée de refuser de se charger d'un arbitrage parce qu'on croit cette tâche au-dessus de ses forces, est la dernière qui se présente à l'esprit de celui qui se trouve appelé à cette fonction. Celui au jugement duquel un auteur a soumis un ouvrage littéraire donne sur-le-champ à son esprit une attitude critique, quoiqu'il s'agisse de juger un sujet qui n'a jamais été l'objet de ses réflexions. Sans doute l'auteur est bien en état de choisir son propre juge; et pourquoi l'arbitre qu'il a nommé douterait-il de ses talens pour condamner ou pour absoudre, puisque son ami l'a choisi sans contredit d'après la confiance intime qu'il avait en son jugement? Certainement celui qui a écrit l'ouvrage doit savoir quelle est la personne le plus en état d'en juger.

Tandis que ces pensées se succédaient dans mon esprit, j'avais les yeux fixés sur mon ami, dont les mouvemens me paraissaient extraordinairement lents, tandis qu'il se faisait apporter une bouteille d'un vin de Bordeaux de première qualité; qu'il la transvasait lui-même, avec un soin tout particulier, dans une carafe de cristal; qu'il ordonnait à son vieux domestique d'apporter une assiette d'olives et des rôties de pain, et que, tout occupé de pensées hospitalières (1), il semblait ajourner la discussion que je brûlais de voir arriver, et que je craignais pourtant d'entamer.

— Il est mécontent de mon ouvrage, pensai-je, et il n'ose probablement pas me le dire, de crainte de blesser mon amour paternel. Qu'avais-je besoin de lui parler d'autre chose que de contrats et de saisine? — Mais un instant, il va entrer en matière.

— Nous ne sommes plus jeunes à présent, M. Crof-

(1) *On hospitable thoughts intent.* Expression de Milton qui peint l'empressement d'Ève à recevoir l'ange que Dieu lui envoie. (*Paradise Lost.* Book V.) — ÉD.

tangry, me dit mon hôte, et à peine sommes-nous aussi en état de faire honneur entre nous deux à une pauvre chopine de bordeaux, que nous l'aurions été dans un meilleur temps à en vider une pinte, suivant l'ancienne et libérale acception de ce mot en Écosse (1). Peut-être auriez-vous préféré que James restât pour nous aider; mais, à moins que ce ne soit le dimanche ou en quelque occasion extraordinaire, je crois qu'il vaut mieux qu'il s'habitue à être exact aux heures du bureau.

La conversation allait tomber; je la soutins en disant que M. James était à l'heureuse époque de la vie où l'on a quelque chose de mieux à faire que de courtiser une bouteille. — Je suppose que votre fils est un lecteur? ajoutai-je.

— Hum! oui. James peut être appelé un lecteur dans un sens; mais je doute qu'il y ait beaucoup de solidité dans ses lectures. Les poésies et les pièces de théâtre, M. Croftangry, ne sont que des fadaises. C'est ce qui lui a tourné la tête pour l'armée, quand il ne devrait songer qu'à son affaire.

— En ce cas, je présume que les romans ne trouvent pas grace à vos yeux plus que les compositions dramatiques et poétiques.

— Non, sur ma foi, M. Croftangry; non certainement, ni même les ouvrages historiques. Il y a trop de batailles dans l'histoire, comme si les hommes n'entraient dans ce monde que pour en faire sortir d'autres. Cela nous donne de fausses idées de notre existence, et

(1) La pinte d'Écosse est à celle d'Angleterre ce qu'était la pinte de Saint-Denis à celle de Paris. — Tr.

de ce qui doit être principalement notre but et notre fin, M. Croftangry.

Tout cela n'était dit que d'une manière générale, et je me décidai à en faire venir la conversation au fait.
— Je crains donc, M. Fairscribe, lui dis-je, d'avoir eu tort de vous embarrasser de mes pauvres ouvrages; mais vous me rendrez la justice de vous rappeler que je n'avais rien de mieux à faire que d'amuser mon loisir en écrivant les fadaises que je vous ai envoyées l'autre jour. Je puis dire avec vérité que je n'ai abandonné aucune profession pour prendre ce métier de fainéant.

— Je vous crie merci, M. Croftangry, me dit mon vieil ami, frappé d'un souvenir soudain; oui, oui, j'ai commis une impolitesse. J'avais oublié que vous vous êtes entiché vous-même de cette besogne de désœuvré.

— Et je suppose que, de votre côté, vous avez été un homme trop *affairé* pour jeter les yeux sur mes pauvres Chroniques?

— Pardonnez-moi, pardonnez-moi; je n'ai pas porté la négligence jusqu'à ce point. Je les ai lues à bâtons rompus, quand j'ai pu trouver un moment, et je crois que je ne tarderai pas à les avoir finies.

— Eh bien, mon bon ami, qu'en pensez-vous?

— Eh bien, M. Croftangry, je pense réellement que vous vous êtes acquitté de votre tâche assez passablement. — Voici deux ou trois petites remarques que j'ai faites sur ce que je regarde comme des fautes d'impression, sans quoi on pourrait vous reprocher de ne pas faire assez d'attention aux règles de la grammaire, qu'on doit toujours désirer de voir observer avec exactitude.

J'examinai les notes de mon ami, et je reconnus qu'effectivement il se trouvait dans deux ou trois passages des solécismes évidens que je n'avais pas corrigés.

— Fort bien, fort bien, j'avoue ma faute, lui dis-je; mais, abstraction faite de ces erreurs accidentelles, que pensez-vous du sujet, et de la manière dont je l'ai traité?

— Par ma foi, dit mon ami en semblant hésiter, et en prenant un ton grave et important dont je ne lui sus pas beaucoup de gré, il n'y a pas beaucoup de choses à dire contre la manière. Le style est clair et intelligible, fort intelligible, M. Croftangry; et c'est ce que je considère comme le premier point dans tout ce qu'on écrit dans le dessein de se faire comprendre. A la vérité, j'ai trouvé çà et là quelques pensées et quelques écarts qui m'ont donné un peu d'embarras, mais j'ai réussi enfin à comprendre votre idée. Il y a des gens qui sont comme certains *ponies* (1); leur jugement ne va pas vite, mais il marche d'un pas sûr.

— C'est une comparaison parfaitement claire, mon cher ami; mais après avoir compris mon idée, qu'en avez-vous pensé? Était-ce comme certains bidets qui sont difficiles à attraper, et qui, quand on les tient une fois, ne valent pas la peine qu'on a prise?

— Je suis bien loin de parler ainsi, mon cher monsieur, ce serait une incivilité grossière; mais, puisque vous me demandez mon opinion, je voudrais que vous eussiez pensé à quelque ouvrage qui appartînt aux affaires civiles, au lieu de vous occuper de coups de fusil

(1) Bidets des Highlands. — Éd.

ou de poignards et de pendaisons. On dit que ce sont les Allemands à qui les premiers l'on doit attribuer la mode de choisir les héros dans le registre de Porteous (1); mais, sur ma foi, il est probable que nous serons bientôt de niveau avec eux. Le premier, à ce que je tiens de bonne part, fut un M. Scolar, comme on l'appelle, et il a fait une bonne besogne avec ses voleurs et ses brigands.

— Schiller, mon cher ami; c'est Schiller qu'il faut le nommer.

— Schiller, ou comme ce qu'il vous plaira. J'ai trouvé son livre où j'aurais préféré en trouver un meilleur, c'est-à-dire dans le panier à ouvrage de Catherine. Je me suis assis, et, comme un vieux fou, je me suis mis à le lire : mais ici je conviens que vous avez l'avantage sur Schiller, M. Croftangry.

— Je serais enchanté, mon digne ami, que vous crussiez réellement que j'aie seulement approché de cet auteur admirable; mais votre amitié, toute partiale qu'elle est, ne doit pas même donner à entendre que j'aie pu le surpasser.

— Mais je soutiens que vous l'avez surpassé, M. Croftangry, et dans un point très-matériel. Un livre destiné à l'amusement des lecteurs doit certainement être quelque chose qu'on puisse prendre et laisser à son gré, et je puis vous rendre la justice de dire que je n'ai jamais hésité à mettre votre ouvrage de côté quand il me survenait quelque affaire. Mais sur ma foi! ce Schiller,

---

(1) *Porteous roll.* Liste des causes criminelles, ainsi appelée en Écosse. — Éd.

monsieur, ne vous laisse pas échapper si aisément. J'oubliai un rendez-vous d'affaire, et je manquai volontairement à un autre, pour rester chez moi et finir son maudit ouvrage, qui, après tout, ne roule que sur deux frères, les plus grands coquins dont j'aie jamais entendu parler. L'un est sur le point d'assassiner son propre père, et l'autre, ce qui paraîtrait encore plus étrange, se met dans la tête de faire de sa propre femme une débauchée!

— Je vois, M. Fairscribe, que vous n'avez pas de goût pour les romans qui offrent le tableau de la vie réelle; que vous ne trouvez aucun plaisir à contempler ces impulsions irrésistibles qui forcent des hommes doués de passions impétueuses à de grands crimes et à de grandes vertus.

— Quant à cela, je n'en suis pas si sûr. Mais ensuite ce que je trouve de pire, c'est que vous ayez placé des montagnards dans chacune de vos histoires, comme si vous vouliez remonter *velis et remis* aux anciens temps du jacobitisme. Je dois vous parler franchement, M. Croftangry, je ne puis dire quelles innovations on peut proposer aujourd'hui dans l'Église et dans l'État; mais nos pères étaient partisans de ces deux institutions, telles qu'elles furent établies à l'époque de notre glorieuse Révolution, et ils n'aimaient pas plus un plaid de tartan qu'un surplis blanc : je prie le ciel que cette fièvre de tartan ne soit pas de mauvais augure pour la succession protestante et pour l'église d'Écosse.

— L'une et l'autre ont, j'espère, jeté de trop profondes racines dans l'esprit de tous les sujets de ce royaume, pour pouvoir en être extirpées par d'anciens souvenirs. Ces souvenirs sont pour nous comme les portraits de nos ancêtres, sur lesquels nous jetons les yeux sans nous rappeler les querelles féodales auxquelles s'abandonnaient les originaux pendant leur vie. Mais je serais fort charmé de trouver quelque sujet qui pût remplacer les montagnards, M. Fairscribe, car j'ai précisément commencé à penser que c'est une mine qui s'apauvrit, et peut-être votre expérience pourrait-elle me fournir.....

— Mon expérience vous fournir! s'écria M. Fairscribe avec un sourire de dérision, ah! ah! ah! sur ma foi, vous feriez aussi bien d'invoquer l'expérience de mon fils James pour vous donner un avis sur un cas de servitude. Non, non, mon cher ami, j'ai vécu toute ma vie par la loi et dans la loi; et quand vous cherchez ces impulsions qui portent les soldats à déserter et à tirer des coups de fusil à leurs sergens et à leurs caporaux, et qui font que des bouviers montagnards poignardent les bouviers anglais pour prouver qu'ils ont des passions impétueuses, ce n'est pas à un homme comme moi qu'il faut vous adresser. Peut-être pourrais-je vous raconter quelques bons tours de mon métier, vous faire une ou deux histoires de domaines perdus et recouvrés. Mais, pour vous dire la vérité, je crois que vous pourriez agir avec votre Muse amie de la fiction, ainsi que vous l'appelez, comme bien des honnêtes gens agissent avec leurs propres fils de chair et de sang.

— Et que faudrait-il donc faire, mon cher monsieur?
— L'envoyer dans les Indes, bien certainement. C'est

pour un Écossais le meilleur endroit du monde pour y prospérer. Si vous reportez votre histoire à cinquante ans en arrière, vous y trouverez autant de coups de feu et de poignard qu'il y en a jamais eu dans nos montagnes sauvages. S'il vous faut des coquins, puisqu'ils sont tellement à la mode chez vous, vous avez cette brave caste d'aventuriers qui laissèrent leur conscience au cap de Bonne-Espérance en y passant, et qui oublièrent de l'y reprendre à leur retour. Et pour les grands exploits, vous avez dans l'ancienne histoire des Indes, avant que les Européens y fussent en grand nombre, les faits les plus merveilleux, accomplis par les plus faibles moyens possibles que les annales du monde puissent peut-être fournir.

— Je le sais, répondis-je, prenant feu aux idées que m'inspirait son discours. Je me rappelle les pages délicieuses d'Orme (1), et l'intérêt qu'inspiraient ses récits à cause du très-petit nombre d'Anglais qui y sont mentionnés. Chaque officier d'un régiment vous devient connu par son nom, les sous-officiers et même les soldats acquièrent un droit individuel à votre intérêt. On les distingue parmi les naturels du pays comme les Espagnols au milieu des Mexicains. Que dis-je? ils sont comme les demi-dieux d'Homère parmi les mortels qui

(1) L'historien Robert Orme, né en 1728, aux Indes orientales, d'un premier médecin de la compagnie. Il fut élevé à Harrow, et remplit plusieurs emplois importans dans l'Inde. En 1758 il revint en Angleterre, et y composa son *Histoire militaire des Anglais dans l'Indoustan*. Il mourut en 1801, après avoir publié un second ouvrage intitulé : *Fragmens historiques sur le Mogol et les Marathes*. — Éd.

se font la guerre. Des hommes tels que Clive et Caillaud (1) ont influé sur de grands événemens comme Jupiter lui-même. Les officiers inférieurs sont comme Mars et Neptune; et les sergens et caporaux peuvent fort bien passer pour des demi-dieux. Ensuite la variété des religions, des costumes, des mœurs et des habitudes des peuples de l'Indostan, l'Indou si patient, le belliqueux Rajahpoot, le hautain Musulman, le farouche et vindicatif Malais, sujet glorieux! sujet immense! — La seule objection, c'est que je n'ai jamais été dans ce pays, et je n'en connais absolument rien.

— Qu'importe! mon cher ami; vous nous conterez tout cela d'autant mieux que vous ne saurez rien de ce que vous nous direz. — Mais, allons, finissons notre bouteille, et lorsque Katie nous aura servi le thé, — car ses sœurs vont à l'Assemblée, — elle vous contera en abrégé l'histoire de la pauvre Ménie Grey, dont vous verrez le portrait dans le salon. C'était une parente éloignée de mon père, qui eut pourtant une assez jolie part de la succession de la cousine Ménie. Il n'existe plus personne à présent qui puisse être blessé par la publicité donnée à cette histoire, quoiqu'on ait jugé dans le temps plus à propos de l'étouffer. Et dans le fait, les bruits sourds qui en coururent déterminèrent la pauvre cousine Ménie à vivre fort retirée. Je me la rappelle très-bien quand j'étais encore enfant; la pauvre cousine Ménie avait quelque chose de fort doux, mais d'un peu ennuyeux.

(1) Voyez l'*Histoire* de Robert Orme traduite en français, et les ouvrages de Mill sur l'Inde. — Éd.

Lorsque nous entrâmes dans le salon, mon ami me montra un portrait que j'avais déjà remarqué, mais sur lequel je n'avais jeté qu'un coup d'œil en passant. Je le regardai alors avec plus d'attention : c'était un de ces portraits du milieu du dix-huitième siècle, dans lesquels le peintre s'efforçait de vaincre la raideur des paniers et des robes de brocart, en jetant autour de la figure une draperie de fantaisie, dont les plis amples et lâches ressemblaient à ceux d'un manteau ou d'une robe de chambre. Cependant le corps à baleines était conservé, et le sein se montrait de manière à prouver que nos mères, de même que leurs filles, étaient aussi libérales de leurs charmes que la nature de leurs vêtemens le permettait. C'était le style bien connu de cette époque, et les traits et la forme de la personne qu'on voyait en ce portrait n'y ajoutait, à la première vue, que peu d'intérêt. Il représentait une belle femme d'environ trente ans ; ses cheveux étaient tournés avec simplicité autour de sa tête; elle avait des traits réguliers, et le teint d'une blancheur parfaite. Mais en le regardant de plus près, surtout après avoir eu lieu de penser que l'original avait été l'héroïne d'une histoire, je crus remarquer dans la physionomie une douceur mélancolique qui semblait parler de malheurs endurés et d'injures souffertes avec cette résignation que les femmes peuvent montrer et qu'elles montrent quelquefois quand elles sont exposées aux insultes et à l'ingratitude de ceux auxquels elles ont accordé leur affection.

— Oui, dit M. Fairscribe, dont les yeux étaient comme les miens fixés sur ce portrait, ce fut une excellente femme, et une femme qui a été bien indignement traitée; j'ose dire qu'elle n'a pas laissé moins de cinq mille livres sterling à notre famille, et je crois qu'elle avait bien quatre fois cette somme quand elle est morte; mais sa fortune fut distribuée entre ses plus proches parens, et rien n'était plus juste.

— Mais son histoire, M. Fairscribe? A en juger par cette physionomie, elle doit être mélancolique.

— Vous pouvez bien le dire, M. Croftangry; assez mélancolique et assez extraordinaire. Mais, ajouta-t-il en buvant à la hâte une tasse de thé que sa fille lui présentait, il faut que j'aille à mes affaires. — On ne peut pas passer la matinée à jouer au golf, et la soirée à raconter de vieilles histoires. — Katie connaît tout aussi bien que moi tous les incidens et toutes les aventures de la vie de la cousine Ménie, et quand elle vous en aura fait le précis, je serai à votre service pour les dates et pour les détails plus circonstanciés que vous pourrez désirer.

Ce fut ainsi qu'il me quitta, me laissant, moi joyeux vieux garçon, occupé à écouter une histoire d'amour racontée par ma jeune amie Katie Fairscribe, qui, lorsqu'elle n'est pas entourée d'un essaim de galans, — moment qui, selon moi, n'est pas celui où elle paraît avec le plus d'avantage, — est une jeune fille aussi jolie, aussi bien élevée et aussi peu affectée qu'aucune qu'on puisse rencontrer dans les nouvelles promenades de Prince's-Street ou d'Heriot-Row (1). La qualité inévitable de vieux garçon, comme je le suis, a ses privilèges dans un tel tête-à-tête, pourvu que vous soyez ou que

(1) Quartiers du nouvel Édimbourg. — Éd.

vous puissiez paraître pour le moment parfaitement de bonne humeur, attentif, et que vous ne songiez pas à singer les manières de vos jeunes années, ce qui ne ferait que vous rendre ridicule. Je ne prétends pas être aussi indifférent en la compagnie d'une jeune et jolie femme, que le désirait le poète qui souhaitait rester assis aussi tranquille auprès de sa maîtresse,

> Que lorsque sa beauté naissante
> Ne pouvait engendrer ni peine ni bonheur.

Au contraire, je puis regarder l'innocence et la beauté comme quelque chose que je connais et que je sais apprécier, quoique sans le désir ou l'espoir de me l'approprier. Une jeune personne peut se permettre de causer avec un vieux routier comme moi, sans artifice et sans affectation, et nous pouvons entretenir une sorte d'amitié d'autant plus tendre peut-être que nous sommes de sexes différens, quoique cette différence ait bien peu contribué à la produire.

Maintenant j'entends ma voisine la plus douée de prudence et la plus portée à la critique, s'écrier : — Voilà M. Croftangry en beau chemin de faire une folie. Il est en belle passe ; le vieux Fairscribe sait, à un sou près, quelle est sa fortune, et miss Katie, avec tous ses grands airs, peut fort bien ne pas dédaigner le vieux cuivre qui sert à payer la casserole neuve. J'avais trouvé à M. Croftangry un air tout sémillant quand il est venu hier soir faire sa partie de whist. Pauvre homme! bien certainement je serais fâchée de le voir s'exposer à la risée générale.

— Épargnez votre compassion, ma chère dame; il n'y a pas le moindre danger. *Les beaux yeux de ma cassette* ne sont pas assez brillans pour faire oublier les lunettes qui remédient à la faiblesse des miens. Je suis un peu sourd, en outre, comme vous le savez, à votre grand regret, quand vous m'avez pour partenaire au whist. Et si je pouvais trouver une nymphe qui consentît à m'épouser malgré toutes ces imperfections, qui diable épouserait Janet Mac-Evoy? Or, Chrystal Croftangry ne se séparera jamais de Janet Mac-Evoy.

Miss Katie Fairscribe me raconta l'histoire de Ménie Grey avec autant de goût que de simplicité, sans chercher à cacher les sentimens de chagrin ou d'indignation que les circonstances qu'elle rapportait faisaient naître naturellement. Son père me confirma ensuite les principaux traits de cette histoire, et y ajouta quelques incidens que miss Katie avait supprimés ou qu'elle avait oubliés. Et véritablement, j'ai appris en cette occasion ce que voulait dire le vieux Lintot (1) quand il disait à Pope que, lorsqu'il imprimait un ouvrage, il avait coutume de se rendre favorables les critiques d'importance, en leur en montrant de temps en temps une épreuve, ou quelques pages du manuscrit. Notre métier d'auteur exerce une telle sorte de charme, que si vous admettez quelqu'un à votre confidence, vous verrez que, quelque peu disposé qu'il ait été auparavant à se livrer à de pareilles études, il se regardera lui-même comme partie intéressée; et si l'ouvrage réussit, il croira avoir droit à une bonne part des éloges.

---

(1) Éditeur de Pope. — Éd.

Le lecteur a vu que personne n'aurait pu naturellement prendre moins d'intérêt à mes travaux que mon excellent ami Fairscribe, lorsque je le consultai pour la première fois à ce sujet. Mais depuis qu'il a fourni un sujet à mon ouvrage, il est devenu un coadjuteur plein de zèle. A demi honteux, presque fier de la société littéraire en commandite dont il acquis une action, il ne me rencontre jamais sans frapper légèrement mon coude avec le sien, et sans m'adresser quelques mots d'un ton mystérieux, comme : — Eh bien, quand nous donnerez-vous quelque chose de nouveau? Ou, votre dernière histoire n'était pas mauvaise ; — votre manière me plaît.

Fasse le ciel que le lecteur soit de la même opinion!

———

CHAPITRE XVI.

« Quand la Nature infirme appelait du secours,
» Et que la Mort allait trancher le fil des jours,
» Ses soins compatissans, et toujours sans jactance,
» Du noble art de guérir démontraient la puissance.
» Dans les sombres réduits qu'habitait le Malheur,
» Où l'obscur indigent mourait dans la douleur,
» Où gémissait l'angoisse, hélas ! sans espérance,
» Sa bienfaisante main soulageait la souffrance.
» Jamais il n'affligeait par un cruel délai
» L'indigent près duquel il était appelé.
» Il ne repoussait pas un modique salaire ;
» Il était sans orgueil. Son travail ordinaire
» Sans peine suffisait pour fournir tour à tour
» Aux modestes besoins éprouvés chaque jour. »

SAMUEL JOHNSON.

La Fille du Chirurgien.

LE portrait si parfait qu'a tracé *le Rôdeur* (1) de son ami Levett est en tous points applicable à Gédéon Grey, et à beaucoup d'autres docteurs de village, qui ren-

(1) Le *Rôdeur*, par Samuel Johnson. — ÉD.

dent plus de services à l'Écosse, et envers lesquels l'Écosse montre peut-être plus d'ingratitude qu'à l'égard d'aucune autre classe de ses enfans, à l'exception de ses maîtres d'école.

Un tel disciple rural d'Esculape habite ordinairement un village ou un petit bourg, qui forme le point central de sa pratique. Mais outre les travaux auxquels il se livre dans le lieu de son domicile, il est jour et nuit au service de quiconque peut avoir besoin de son secours dans un cercle de quarante milles de diamètre, dans une contrée généralement dépourvue de routes, et qui renferme des marécages, des montagnes, des lacs et des rivières. Pour des voyages nocturnes et dangereux dans un pays souvent inaccessible, pour des services du genre le plus important, rendus aux dépens, ou du moins au risque de sa santé et de sa vie, le docteur d'un village d'Écosse ne reçoit tout au plus qu'un salaire très-modique hors de toute proportion avec les soins qu'il a pris, et souvent même il n'en reçoit point. Il n'a aucune des amples ressources dont jouissent ses confrères dans une ville d'Angleterre. Les habitans d'un bourg d'Écosse, n'ayant que des moyens de luxe très-limités, sont inaccessibles à la goutte, aux indigestions, et à toutes les bonnes maladies chroniques qui sont la suite de la richesse et de l'indolence. Quatre ans ou environ de sobriété les mettent en état de supporter un dîner d'élection, et il n'y a pas même l'espoir d'avoir quelque tête cassée parmi trente à quarante électeurs qui arrangent paisiblement l'affaire tout en dinant (1).

(1) Les élections de la plupart des bourgs de l'Écosse sont convenues avec le personnage le plus important de l'endroit. — Éd.

Là, les mères ne se font pas un devoir de faire passer régulièrement chaque année par le gosier de leurs chers enfans une certaine quantité de drogues d'apothicaire. Chaque vieille femme, d'un bout du village à l'autre, est en état d'ordonner une dose de sels, et de préparer un emplâtre; et ce n'est que lorsqu'une fièvre ou une attaque de paralysie rend l'affaire sérieuse, que les voisins de l'Esculape ont recours à son assistance.

Cependant le savant docteur ne peut se plaindre de vivre dans l'inaction ou de manquer de pratiques. S'il ne trouve pas de malades à sa porte, il en cherche dans un cercle plus étendu. Comme le spectre amant de Lénore (1), il monte à cheval à minuit, et parcourt pendant les ténèbres des sentiers qui paraissent formidables en plein jour à des gens qui y sont moins habitués; à travers des défilés où un pas fait mal à propos le plongerait dans un marécage, le ferait tomber dans un précipice, ou le conduirait à des huttes sur lesquelles son cheval pourrait monter sans que le cavalier s'aperçût de leur existence avant d'être passé au travers du toit. Quand il arrive à la fin de ce voyage important, et qu'il se trouve dans le lieu où son ministère est attendu, soit pour introduire un infortuné dans le monde, soit pour empêcher un autre d'en sortir, il y trouve souvent une telle scène de misère, que, bien loin de recevoir quelques shillings épargnés avec grande peine pour lui être offerts, il donne ses remèdes et ses soins par pure charité. J'ai entendu dire que le célèbre voyageur Mungo

---

(1) La Lénore de Burger. La traduction de cette ballade fantasmagorique fut un des essais de Walter Scott jeune encore. — Éd.

Park, qui avait l'expérience de ces deux genres de vie, préférait un voyage de découvertes en Afrique au métier d'errer nuit et jour dans les cantons sauvages de son propre pays en qualité de médecin de village. Il dit qu'ayant une fois fait quarante milles à cheval, et passé toute la nuit à secourir efficacement une femme qui éprouvait alors l'influence de la malédiction de notre mère Ève, il n'eut pour tout salaire qu'une pomme de terre cuite sous la cendre et un verre de lait de beurre. Mais son cœur était incapable de regretter les travaux et les fatigues qui tendaient à soulager la misère humaine. En un mot, il n'existe pas de créature en Écosse qui soit soumise à un travail plus dur et qui en soit plus pauvrement récompensé que le docteur de village, à moins que ce ne soit son cheval. Cependant ce cheval est et doit être robuste, actif, infatigable, quoiqu'il soit mal étrillé et fort mal équipé; eh bien! c'est ainsi que vous trouverez souvent dans son maître, sous un extérieur simple et peu promettant, des talens dans sa profession, de l'enthousiasme, de l'intelligence, de l'humanité, du courage et de la science.

M. Gédéon Grey, chirurgien dans le village de Middlemas, situé dans un des comtés de l'intérieur de l'Écosse, menait la vie pénible, laborieuse et mal récompensée que nous avons tâché de décrire. C'était un homme de quarante à cinquante ans, dévoué à sa profession, et jouissant d'une telle réputation dans le monde médical, qu'on lui avait conseillé plus d'une fois, quand l'occasion s'en présentait, de quitter Middlemas et le cercle resserré de sa pratique pour aller s'établir dans une des grandes villes d'Écosse et même à Édimbourg. Jamais il n'avait voulu suivre cet avis. Il était franc, simple, ne pouvait souffrir la contrainte, et il ne voulait pas s'assujettir à tout ce qu'on aurait pu attendre de lui dans une société plus policée que celle à laquelle il était habitué. Il n'avait pas découvert, et aucun ami ne lui avait donné à entendre qu'une légère touche de cynisme dans les manières et dans les habitudes donne à un médecin, aux yeux du vulgaire, un air d'autorité qui tend grandement à augmenter sa réputation. M. Grey, ou le docteur Grey, comme l'appelaient les habitans des environs, — et peut-être avait-il droit à ce titre en vertu d'un diplôme, quoiqu'il ne réclamât que celui de maître-ès-arts (1), — avait peu de besoins, et il y pourvoyait amplement par le moyen du revenu qu'il tirait de sa profession, et qui montait annuellement à environ deux cents livres sterling. Pour gagner cette somme, il avait à faire, d'après un moyen terme, à peu près cinq mille milles à cheval dans le cours des douze mois. Ce revenu fournissait si abondamment à tous ses besoins et à ceux des deux bidets dont il se servait alternativement, et nommés Pilon et Mortier, qu'il prit une compagne pour le partager, Jane Watson, fille d'un honnête fermier, dont les joues avaient la fraîcheur de deux cerises, et qui, faisant partie de douze enfans élevés avec un revenu de quatre-vingts livres, ne songea pas un instant qu'on pût être pauvre avec le double de cette somme, et elle regarda Grey

(1) Dans la Grande-Bretagne, où l'on est très-jaloux de ses titres, ce serait faire un passe-droit aux porteurs d'un diplôme, que d'appeler docteur un médecin qui n'en aurait pas; les chirurgiens ne sont généralement pas docteurs. — Éd.

comme un parti fort avantageux, quoique les jeunes gens eussent alors l'irrévérence de l'appeler le vieux docteur. Ils passèrent plusieurs années sans avoir d'enfans, et il semblait que le docteur Grey, qui avait si souvent secondé les efforts de la déesse Lucine, était condamné à ne jamais l'invoquer pour lui-même. Cependant ses dieux pénates, en une occasion remarquable, furent destinés à être témoins d'une scène où le secours de cette déesse était nécessaire.

Assez tard dans une soirée d'automne, on vit trois vieilles femmes courant aussi vite que le leur permettaient leurs jambes presque séculaires, dans l'unique rue qui composait le village de Middlemas, et se dirigeant vers la porte honorable qui, située à quelques pas de la route, en était séparée par un treillage à demi rompu, qui entourait un petit terrain où quelques arbustes annonçaient qu'on avait voulu former un bosquet. Sur la porte était gravé le nom de Gédéon Grey, M. A. (1), chirurgien, etc., etc. Quelques jeunes fainéans, qui, un moment auparavant, restaient les bras croisés à l'autre bout de la rue, en face de la porte du cabaret, — car la soi-disant auberge ne méritait pas un autre nom, — suivaient les trois vieilles en poussant de grands éclats de rire, excités par leur agilité extraordinaire, et faisaient des gageures sur celle qui arriverait la première au but, comme s'il y eût eu une course de chevaux à Middlemas. — Une demi-pinte pour la mère Simpson ! — La vieille Peg Tamson battra les deux autres ! — Plus vite, Alison Jaup ! ne voyez-vous pas

---

(1) Abréviation de *magister artium*, maître-ès-arts. — ÉD.

qu'elles sont déjà essoufflées? — Montez la colline avec plus de précaution, jeunes filles, ou nous verrons parmi vous une vieille sorcière crever comme un cheval. Ces cris et mille autres quolibets semblables fendaient l'air, sans être écoutés ni même entendus des trois vieilles, tout occupées de leur course, et qui semblaient se disputer à qui arriverait la première à la porte du docteur.

— Au nom du ciel! docteur, que se passe-t-il donc? dit mistress Grey dont le caractère était celui d'une bonne femme qui n'était remarquable que par un peu trop de simplicité; — voilà Peg Tamson, la mère Simpson et Alison Jaup qui font une course dans la grande rue du village.

Le docteur, qui, un moment auparavant, avait étendu devant le feu sa redingote mouillée, car il arrivait d'un assez long voyage, descendit sur-le-champ, prévoyant que quelqu'un avait besoin de ses services, et présumant avec plaisir, d'après les messagères employées, qu'il ne s'agissait que d'une visite dans le village, et non d'une excursion plus éloignée.

Il venait d'ouvrir sa porte lorsque la mère Simpson, l'une des trois coureuses, entra dans le petit jardin. Si elle avait gagné du terrain sur les autres c'était aux dépens du pouvoir de s'exprimer, car lorsqu'elle arriva en présence du docteur, elle resta un moment soufflant comme un marsouin, les barbes de sa coiffe rejetées en arrière, et faisant les plus violens efforts pour parler, mais ne pouvant proférer un seul mot.

Peg Tamson prit la parole avant elle.

— La dame, monsieur, la dame!...

— Du secours ! du secours à l'instant ! hurla plutôt que cria Alison Jaup; tandis que la mère Simpson, qui avait certainement gagné le prix de la course, se trouva enfin en état de faire valoir ses droits à la récompense qui avait mis en mouvement leurs six jambes. — Et j'espère, monsieur, ajouta-t-elle, que vous me recommanderez en qualité de garde ; car j'étais arrivée pour vous apporter cette nouvelle bien avant ces deux paresseuses.

Les deux autres rivales poussèrent les hauts cris pour protester contre cette prétention, et les désœuvrés qui étaient restés à peu de distance firent entendre de nouveaux éclats de rire non moins bruyans.

— Taisez-vous, vieilles folles ! s'écria le docteur; et vous aussi, fainéans braillards ! Si je viens au milieu de vous !... En parlant ainsi il fit claquer avec force son grand fouet, qui produisit à peu près l'effet du célèbre *quos ego* de Neptune dans les premiers livres de l'Énéide (1). — Et maintenant, dit le docteur, qui est cette dame? où est-elle?

Cette question était à peine nécessaire, car une voiture sans armoiries, attelée de quatre chevaux, mais marchant au pas, s'avançait vers la maison du docteur, et les vieilles femmes, qui avaient eu le temps de reprendre haleine, lui apprirent que le monsieur qui accompagnait la dame, ne trouvant pas à l'auberge du Cygne un appartement qui pût convenir à une femme d'un rang distingué, il l'amenait d'après leur avis; avis que chacune d'elles s'attribuait le mérite d'avoir

---

(1) Lorsque Neptune reproche aux vents d'avoir soufflé sans ses ordres. — Tr.

donné chez le docteur, pour qu'elle y reçût l'hospitalité dans la chambre de l'ouest, chambre qui n'était pas occupée, et que M. Grey conservait pour y placer momentanément les malades qui désiraient passer quelque temps sous les yeux de leur médecin.

Il n'y avait que deux personnes dans la voiture. On en vit sortir d'abord un homme en habit de voyage, qui, ayant reçu du docteur l'assurance que sa compagne serait logée décemment dans sa maison, aida la dame à descendre de voiture, la conduisit dans une chambre à coucher, proprement meublée, et la confia aux soins du docteur et de sa femme, qui lui promirent d'avoir pour elle toutes les attentions possibles. Pour mieux assurer l'exécution de cette promesse, l'étranger glissa dans la main du docteur une bourse contenant vingt guinées; car cette aventure remonte à l'âge d'or, comme les arrhes d'une récompense encore plus libérale, et il le pria de n'épargner aucune dépense pour procurer à cette dame tout ce qui pouvait être nécessaire ou convenable à une femme dans la situation où elle se trouvait, et pour la faible créature à laquelle on pouvait s'attendre qu'elle donnerait le jour très-incessamment. Il ajouta qu'il allait se retirer à l'auberge du Cygne, et pria le docteur de lui envoyer un message à l'instant même où l'événement attendu aurait eu lieu.

— Elle est d'un rang distingué, continua-t-il; elle est étrangère, et il ne faut pas ménager l'argent. Nous avions dessein d'aller à Édimbourg, mais un accident nous a forcés de nous détourner de la route. Après avoir répété qu'il ne fallait pas ménager l'argent, il ajouta :

— Faites en sorte qu'elle puisse voyager le plus tôt possible.

— C'est ce qui n'est pas en mon pouvoir, répondit le docteur; la nature ne veut pas être pressée, et elle punit toute tentative pour accélérer sa marche.

— Mais l'art peut beaucoup, répliqua l'étranger en lui présentant une seconde bourse qui semblait aussi pesante que la première.

— L'art peut se récompenser, dit le docteur, mais il ne peut s'acheter. Vous m'avez déjà payé plus que suffisamment pour tous les soins que je puis donner à cette dame; si j'acceptais quelque chose de plus, ce serait vous promettre, du moins implicitement, de faire ce qui n'est pas en mon pouvoir. Je prendrai tous les soins possibles de cette dame, et c'est la meilleure chance pour qu'elle soit bientôt en état de voyager. Maintenant, monsieur, je vous engage à retourner à l'auberge, car mes soins peuvent devenir nécessaires d'un moment à l'autre, et nous n'avons encore ni garde pour la dame, ni nourrice pour l'enfant, mais je vais y pourvoir à l'instant.

— Un moment, docteur; — quelles langues parlez-vous?

— Le latin et le français assez bien pour me faire comprendre, et je lis un peu l'italien.

— Vous ne savez ni le portugais ni l'espagnol?

— Non, monsieur.

— Cela est fâcheux; mais vous pourrez vous faire comprendre d'elle par le moyen du français. — Souvenez-vous qu'il faut en toute chose prévenir ses désirs. — Si les moyens vous manquent, vous pouvez vous adresser à moi.

— Puis-je vous demander, monsieur, quel nom je dois donner à cette dame?

— Cela est indifférent. Vous le saurez plus à loisir.

En parlant ainsi, il jeta sur ses épaules son grand manteau pour s'en envelopper, en tournant sur les talons, comme pour favoriser cette opération, avec un air que le docteur aurait trouvé difficile d'imiter, et il descendit le long de la rue pour se rendre dans la petite auberge. Là, il paya et congédia les postillons, s'enferma dans une chambre, et ordonna qu'on n'y laissât entrer que le docteur.

En rentrant dans l'appartement où se trouvait la dame, le docteur y vit sa femme dans une grande surprise, qui n'était pas sans mélange de crainte et d'inquiétude, comme cela est assez ordinaire aux personnes de son caractère.

— Elle ne peut dire un mot chrétien, dit mistress Grey.

— Je le sais, répondit le docteur.

— Mais elle s'obstine à garder un masque noir, et elle crie quand je veux le lui ôter.

— Eh bien, il faut le lui laisser. — Quel mal cela peut-il faire?

— Quel mal, docteur? A-t-on jamais vu une femme honnête accoucher avec une masque sur le visage?

— Rarement peut-être; mais, ma chère Jane, celles qui ne sont pas tout-à-fait honnêtes doivent être accouchées avec les mêmes soins que celles qui le sont, et nous ne devons pas mettre en danger les jours de cette pauvre dame en contrariant ses fantaisies dans un pareil moment.

S'approchant du lit de la dame, il remarqua qu'elle avait effectivement le visage couvert d'un masque de soie noir, du genre de ceux qui rendaient de si grands services dans l'ancienne comédie, et comme en portaient encore les dames de qualité en voyageant, mais certainement jamais dans la situation où se trouvait alors celle dont il s'agit. Il semblait qu'elle eût éprouvé quelque importunité à ce sujet, car lorsqu'elle vit le docteur elle porta une main sur son visage, comme si elle eût craint qu'il eût voulu lui arracher son masque. Il se hâta de lui dire en assez bon français que tous ses désirs seraient une loi pour ceux chez qui elle était, sous tous les rapports, et qu'elle était parfaitement libre de garder son masque jusqu'à ce qu'il lui plût de le quitter. Elle le comprit, car elle lui répondit dans la même langue, quoiqu'elle ne la sût que très-imparfaitement, pour le remercier de la permission qu'il lui accordait; semblant en effet regarder comme une permission ce qu'il venait de lui dire, de conserver son masque.

Le docteur s'occupa alors des autres arrangemens nécesaires, et pour la satisfaction des lecteurs qui aiment les détails circonstanciés, nous dirons que la mère Simpson, qui avait gagné le prix de la course, fut choisie pour remplir les fonctions de garde; que Peg Tamson obtint le privilège de recommander pour nourrice sa belle-fille Bet Jamieson, et qu'Alison Jaup fut louée pour aider la servante dans ses travaux, qui se trouvaient multipliés par cet incident: le docteur, en ministre habile, ayant ainsi distribué parmi ses fidèles adhérens toutes les bonnes places qu'il avait à sa disposition.

Vers une heure du matin, le docteur arriva à l'auberge du Cygne, et dit à l'étranger qu'il lui faisait son compliment d'être père d'un beau garçon, et que la mère, suivant la phrase ordinaire, allait aussi bien qu'on pouvait l'espérer.

L'étranger apprit cette nouvelle avec une apparence de satisfaction, et s'écria ensuite : — Il faut maintenant le baptiser, docteur ; il faut le baptiser sur-le-champ.

— Il n'y a rien de pressé, dit le docteur.

— Nous pensons autrement, répondit l'étranger, coupant court à tout argument. Je suis catholique, docteur, et comme je puis être obligé de quitter ce village avant que la dame soit en état de voyager, je désire voir mon fils reçu dans le giron de l'Église. Il y a, à ce que j'ai appris, un prêtre catholique dans ce misérable hameau ?

— Il y a ici un M. Goodriche qui est catholique, monsieur, et qu'on dit être dans les ordres.

— J'approuve votre prudence, docteur ; et il est dangereux d'affirmer quoi que ce soit trop positivement. J'amènerai chez vous demain ce M. Goodriche.

Grey hésita un moment : — Je suis protestant presbytérien, monsieur, dit-il ensuite, ami de la constitution telle qu'elle est établie dans l'Église et dans l'État, et je le suis à bon droit, puisque j'ai, pendant quatre ans, reçu la paie de Sa Majesté, Dieu la protège ! en qualité de chirurgien en second dans le régiment caméronien, comme ma Bible régimentale et ma commission peuvent l'attester ; mais quoique je sois spécialement tenu d'avoir en horreur tout commerce et trafic avec les papistes, je ne m'opposerai pas aux désirs d'une conscience scrupuleuse. Vous pouvez donc, monsieur, venir chez moi avec M. Goodriche quand il vous plaira ; car sans contredit, étant, ainsi que je le suppose, le père de l'enfant, vous devez arranger cette affaire comme bon vous semble. Tout ce que je désire, c'est de ne pas être regardé comme fauteur et adhérent en quelque partie que ce soit du rituel papiste.

— Suffit, monsieur, dit l'étranger avec un ton de hauteur, nous nous entendons l'un et l'autre.

Le lendemain, il arriva chez le docteur avec M. Goodriche et deux individus connus pour être de la même communion. Ils s'enfermèrent tous quatre avec l'enfant dans un appartement, et il est à présumer que le cérémonial du baptême fut accompli à l'égard de cette jeune créature, insensible à tout ce qui se passait, et si étrangement introduite dans ce monde. Quand le prêtre et les témoins se furent retirés, l'étranger informa M. Grey que, comme la dame avait été déclarée hors d'état de voyager d'ici à plusieurs jours, il allait quitter les environs ; mais qu'il reviendrait dans l'espace de dix jours, et qu'il espérait que sa compagne serait alors en état de le suivre.

— Et quel nom devons-nous donner à la mère et à l'enfant ? demanda le docteur.

— L'enfant se nomme Richard.

— Mais ce nom de baptême doit être suivi d'un nom de famille. — La mère doit avoir un nom. — Elle ne peut résider dans ma maison sans avoir un nom.

— Donnez-lui le nom de votre village. — N'est-ce pas, Middlemas ?

— Oui, monsieur.

— Eh bien! la mère se nomme mistress Middlemas;
— l'enfant, Richard Middlemas; et je suis Mathieu
Middlemas, à votre service. Voici, continua l'étranger,
de quoi fournir à mistress Middlemas tout ce qu'elle
pourra désirer, et pourvoir au chapitre des accidens.
A ces mots, il remit un billet de banque de cent livres
sterling dans la main de M. Grey, qui éprouva quelque
scrupule en le recevant.

— Je suppose, monsieur, que cette dame est en état
d'être son propre trésorier?

— Pas le moins du monde, je vous assure, docteur.
Si elle désirait changer ce morceau de papier, elle saurait à peine combien de guinées elle devrait recevoir en
échange. Oui, M. Grey, je vous garantis que vous trouverez mistress Middleton—Middlemas—comment l'ai-je
appelée?—aussi ignorante en ce qui concerne les affaires de ce monde que qui que ce soit que vous ayez
pu rencontrer dans le cours de votre pratique. Ainsi,
vous voudrez bien, pendant mon absence, être son trésorier et son curateur, comme s'il s'agissait d'un malade incapable de diriger ses propres affaires.

Le docteur fut frappé de la manière un peu hautaine dont l'étranger prononça ces mots. Les expressions, en elles-mêmes, n'indiquaient que le désir de
conserver l'incognito, désir que toute la conduite de
cet homme mystérieux indiquait assez clairement;
mais le ton avec lequel il s'énonçait lui semblait dire:
— Je ne suis pas homme à être questionné par qui que
ce soit;—ce que je dis doit être reçu sans commentaire, quand même vous ne le croiriez ni ne le comprendriez. Cette circonstance confirma Grey dans l'o-

pinion qu'il avait sous les yeux un cas de séduction, ou de mariage clandestin entre deux personnes de très-haut rang, et l'extérieur des deux parties intéressées rendait encore ce soupçon plus vraisemblable. Il n'était pas dans son caractère d'être importun ni curieux; mais il ne put s'empêcher de remarquer que la dame ne portait pas de bague de mariage; et son chagrin profond, son tremblement perpétuel, semblaient annoncer une malheureuse jeune personne qui avait perdu la protection de ses parens sans acquérir des droits légitimes à celle d'un mari. Ce ne fut donc pas sans quelque inquiétude qu'il reçut les adieux de M. Middlemas, après une conférence particulière assez longue que celui-ci eut avec la dame. Il est vrai qu'il l'assura qu'il reviendrait dans dix jours, cet intervalle de temps étant le plus court espace que le docteur pût se décider à assigner comme pouvant probablement mettre sa malade en état de voyager sans danger.

— Je prie le ciel qu'il revienne, se dit Grey à lui-même; mais il y a trop de mystère dans tout ceci, pour que ce soit une affaire claire et nette. S'il a dessein de traiter cette pauvre créature de la même manière qu'on en a agi si souvent avec tant de malheureuses jeunes filles, j'espère que ma maison ne sera pas le lieu qu'il choisira pour l'abandonner. Cet argent qu'il m'a laissé m'a l'air un peu suspect; on dirait qu'il cherche à faire quelque compromis avec sa conscience. — Allons, espérons que tout ira pour le mieux. En attendant, mon devoir n'est pas douteux, c'est de faire pour cette pauvre femme tout ce qui est en mon pouvoir.

M. Grey alla voir sa malade aussitôt après le départ de M. Middlemas, — c'est-à-dire dès qu'il put être admis près d'elle. Il la trouva dans une violente agitation, et son expérience lui fournit les meilleurs moyens pour la calmer et la tranquilliser. Il lui fit apporter son enfant; elle pleura long-temps sur lui, et l'excès de son émotion céda peu à peu à l'influence de l'amour maternel, sentiment que, d'après son air d'extrême jeunesse, elle devait connaître alors pour la première fois.

Le médecin observateur remarqua, après ce paroxysme, que l'esprit de sa malade était particulièrement occupé à calculer le cours du temps, et à voir combien il devait encore s'en écouler avant qu'elle pût voir le retour de son mari, — si c'était son mari. Elle consultait des almanachs, faisait des questions sur les distances, quoique avec des précautions qui indiquaient clairement qu'elle ne voulait donner aucun indice sur la direction du voyage de son compagnon, et comparait sa montre plusieurs fois par jour avec celles des autres. Il était évident qu'elle se livrait à cette espèce d'arithmétique trompeuse par laquelle l'imagination s'efforce d'accélérer la marche du temps en calculant ses progrès. En d'autres instans, elle pleurait de nouveau sur son enfant, que tous les juges compétens déclaraient un aussi bel enfant qu'on en eût jamais vu. Grey remarqua aussi qu'elle murmurait parfois à l'oreille de son fils, qui ne pouvait l'entendre, quelques phrases dont non-seulement les mots, mais le ton et l'accent lui étaient inconnus, et qu'il savait pourtant ne pas appartenir à la langue portugaise.

M. Goodriche, le prêtre catholique, se présenta un

jour pour la voir. Elle refusa d'abord de le recevoir, mais elle y consentit ensuite, dans l'idée qu'il pouvait avoir à lui communiquer quelques nouvelles de M. Middlemas, comme l'étranger s'était appelé. Leur entrevue fut fort courte, et le prêtre quitta l'appartement de la dame avec un air de mécontentement que toute sa prudence ne put entièrement cacher à M. Grey. Il ne revint jamais, quoique la situation de cette dame eût rendu ses soins et ses consolations nécessaires si elle eût été membre de l'église catholique.

M. Grey commença enfin à soupçonner que sa belle malade était une juive qui avait abandonné sa personne et son cœur à un homme d'une religion différente, et le caractère particulier de sa beauté donnait encore plus de vraisemblance à cette opinion. Cette circonstance ne changea rien à la conduite du docteur, qui ne voyait que sa détresse et sa désolation, et qui s'efforçait d'y remédier autant qu'il le pouvait. Il désirait pourtant en faire un mystère à mistress Grey et aux autres femmes qui entouraient l'étrangère, et dont la prudence pouvait être plus justement révoquée en doute, ainsi que la libéralité de leurs opinions. Il régla donc son régime de manière à ce qu'aucune nourriture défendue par la loi de Moïse ne lui fût présentée, afin d'éviter, soit de la choquer elle-même, soit d'inspirer aux autres quelques soupçons. Du reste, il ne la voyait guère que pour lui donner les soins qu'exigeait sa santé et pour s'assurer s'il ne lui manquait rien de ce qu'elle pouvait désirer.

L'intervalle de temps pendant lequel la dame attendait avec tant d'impatience le retour de son compagnon finit par s'écouler. Le désappointement qu'éprouva la convalescente en voyant qu'il n'arrivait pas, se manifesta par une inquiétude à laquelle se mêlait d'abord un peu d'aigreur, et qui parut se changer ensuite en crainte et en agitation. Lorsque deux ou trois jours se furent passés sans qu'on eût reçu ni lettres, ni message d'aucune espèce de l'étranger, le docteur devint inquiet à son tour, tant pour lui-même que pour la pauvre dame, et il craignit que le prétendu M. Middlemas n'eût véritablement formé le projet d'abandonner une infortunée sans défense, et qu'il avait probablement trompée. Il désirait avoir avec elle un entretien qui le mît à portée de juger quelles informations il pouvait prendre, et ce qu'il était convenable de faire. Mais la pauvre dame comprenait le français si imparfaitement, ou était peut-être si peu disposée à jeter du jour sur sa situation, que toutes les tentatives qu'il fit à ce sujet échouèrent complètement. Lorsque Grey lui faisait quelques questions qui tendaient à amener une explication, il remarqua qu'elle lui répondait ordinairement en secouant la tête, comme pour indiquer qu'elle ne l'entendait pas, quelquefois par le silence et les larmes, et dans d'autres instans en lui disant qu'il devait s'adresser à *Monsieur*.

Grey commença donc à devenir très-impatient de voir arriver *Monsieur*, puisque son retour pouvait seul mettre fin à cette espèce de mystère désagréable qui commençait à faire le principal sujet des caquets de la bonne compagnie du village ; les uns blâmant le docteur d'accueillir chez lui des aventuriers étrangers, de la moralité desquels on pouvait avoir les doutes les plus sérieux ; les autres enviant la bonne affaire qu'il ferait de cette aventure, en ayant à sa disposition les fonds du riche étranger en voyage, circonstance qui ne pouvait guère être cachée au public quand on vit le digne homme acheter divers objets de luxe qui, quoique peu dispendieux en eux-mêmes, excédaient pourtant de beaucoup les bornes qu'il mettait à ses dépenses.

Le sentiment intime de sa probité mettait l'honnête docteur en état de mépriser ces bavardages insignifians, cependant il ne pouvait lui être nullement agréable de savoir qu'on tînt de pareils propos. Il n'en continua pas moins à visiter ses malades avec sa régularité ordinaire, et il attendit avec patience que le temps jetât quelque lumière sur la personne et l'histoire de sa pensionnaire.

On était dans la quatrième semaine qui suivit l'accouchement de l'étrangère, dont le rétablissement pouvait être regardé comme complet, lorsque Grey, revenant d'une de ses visites à dix milles de distance, vit une chaise de poste, attelée de quatre chevaux, arrêtée devant sa porte. — Cet homme est revenu, se dit-il à lui-même, et mes soupçons étaient injustes. Il fit sentir l'éperon à son cheval, signal auquel le fidèle coursier obéit d'autant plus volontiers qu'il sentait l'écurie. Mais lorsqu'il eut mis pied à terre et qu'il fut entré à la hâte dans sa maison, il lui sembla que le départ de cette malheureuse dame était destiné, aussi-bien que son arrivée, à amener la confusion dans sa paisible demeure. Plusieurs oisifs s'étaient attroupés devant sa porte, et deux ou trois avaient même poussé l'impudence jusqu'à s'avancer dans le petit jardin pour mieux écouter une altercation confuse qui avait lieu dans l'interieur.

Le docteur se montra sans perdre de temps; et, dès qu'ils le virent, les intrus se retirèrent avec précipitation. Il reconnut le son de la voix de sa femme, montée à un diapason qu'il savait par expérience n'être pas de bon augure; car mistress Grey, quoiqu'en général douce et traitable, pouvait quelquefois faire la partie de dessus dans un duo matrimonial. Ayant plus de confiance dans les bonnes intentions de sa femme que dans sa prudence, il ne perdit pas un instant pour entrer dans le parloir et prendre l'affaire entre ses mains. Il y trouva mistress Grey à la tête de toute la milice de l'appartement de la jeune dame, c'est-à-dire la garde, la nourrice et la servante, engagée dans une violente dispute avec deux étrangers. L'un était un vieillard dont le visage basané exprimait la pénétration et la sévérité, mais dont le feu semblait alors en partie amorti par un mélange de chagrin et de mortification; l'autre, qui paraissait soutenir activement la querelle avec mistress Grey, homme vigoureux, avec des traits durs, les yeux pleins d'audace, était armé de pistolets qu'il semblait se faire un plaisir de laisser apercevoir sans aucune nécessité.

—Voici mon mari, monsieur, dit mistress Grey d'un ton de triomphe, car elle avait le bonheur de le regarder comme un des plus grands hommes qui existassent; —voici le docteur,—voyons ce que vous direz à présent.

— Ce que je vous ai déjà dit, madame, c'est-à-dire

qu'il faut obeir à mon mandat; il est en bonne forme, madame, en bonne forme.

En parlant ainsi, il frappait de l'index de sa main droite sur un papier qu'il tenait de la gauche, et qu'il avançait vers mistress Grey.

— Adressez-vous à moi, s'il vous plaît, monsieur, dit le docteur, voyant qu'il ne devait pas perdre de temps pour évoquer la cause devant la cour compétente; je suis maître de cette maison, monsieur, et je désire apprendre la cause de votre visite.

— Cela sera bientôt dit. Je suis un messager du roi (1), et cette dame m'a traité comme si j'étais celui du bailli d'un baron.

— Ce n'est pas la question dont il s'agit, monsieur. Si vous êtes un messager du roi, où est votre mandat? et que venez-vous faire ici? En même temps il dit tout bas à la nourrice de courir chez M. Lawford, le clerc du corps municipal, et de le prier de venir le trouver le plus promptement possible, et la belle-fille de Peg Tamson partit avec une célérité digne de sa belle-mère.

— Voici mon mandat, dit l'officier de justice; vous pouvez l'examiner.

— Tout effronté qu'il est, le drôle n'ose pas dire au docteur quelle est sa mission, s'écria mistress Grey d'un ton de triomphe.

— Une belle mission! dit la mère Simson; enlever une femme en couches comme un faucon enleverait une poule!

---

(1) Un huissier royal. — Éd.

— Quand il n'y a pas un mois qu'elle est accouchée ! ajouta la vieille Alison Jaup.

— Vingt-quatre jours huit heures sept minutes, à une seconde près ! s'écria mistress Grey.

Le docteur ayant examiné le mandat, qui lui parut en bonne forme, commença à craindre que sa garnison d'amazones, dans le zèle qu'elles montraient pour défendre une personne de leur sexe, n'allât jusqu'à quelque acte qu'on pourrait traiter de rébellion à la loi, et il leur ordonna de se taire.

— Ce mandat, dit-il, contient une ordre de prise de corps contre Richard Tresham et Zilia de Monçada, pour cause de haute trahison. J'ai servi Sa Majesté, monsieur, et ce n'est pas ma maison qui servira d'asile à des traîtres. Je ne connais aucune de ces deux personnes, et je n'ai même jamais entendu leur nom.

— Mais la dame que vous avez reçue dans votre maison, dit le messager du roi, est Zilia de Monçada; et voici son père, Mathias de Monçada, qui en fera serment.

— Si cela est vrai, répondit M. Grey en regardant le prétendu père, vous vous êtes chargé, monsieur, d'une singulière fonction. — Je ne suis dans l'habitude ni de nier mes propres actions, ni de m'opposer à l'exécution des lois de mon pays. Il se trouve chez moi une dame en convalescence, qui est devenue sous ce toit mère d'un enfant bien portant; si elle est la personne indiquée dans ce mandat, et que vous soyez son père, je dois la livrer aux lois de mon pays.

Ici la milice d'Esculape fit un nouveau mouvement.

— La livrer, docteur ! s'écria la meilleure moitié de

lui-même; c'est une honte de vous entendre parler ainsi, vous que les femmes et les enfans font vivre plus que toute autre chose.

— Je suis étonnée d'entendre le docteur parler ainsi, dit Alison Jaup; il n'y a pas une femme dans tout le bourg qui croirait une pareille chose de lui.

— J'avais toujours cru jusqu'à ce moment que le docteur était un homme, ajouta la mère Simson; mais je crois à présent que c'est une vieille femme qui n'a guère plus de hardiesse que moi, et je ne suis pas surprise que la pauvre mistress Grey...

— Silence, folles que vous êtes! s'écria le docteur; croyez-vous que cette affaire ne soit pas déjà assez fâcheuse? Faut-il que vous la rendiez encore pire par des propos qui n'ont pas le sens commun? — Messieurs, le cas dont il s'agit est très-épineux. Voici un mandat décerné pour un grand crime contre une pauvre créature qui n'est guère en état d'être transportée d'une maison dans une autre, encore moins d'être traînée en prison. Je vous dis clairement que je crois que l'exécution de ce mandat peut occasioner sa mort. Si vous êtes réellement son père, c'est à vous à considérer ce que vous pouvez faire pour arranger les choses, au lieu de les pousser à l'extrémité.

— Il vaut mieux la mort que le déshonneur, répondit le vieillard à figure austère, et d'une voix aussi dure que sa physionomie. — Messager, faites votre devoir, et exécutez le mandat; je vous en rends responsable.

— Vous l'entendez, dit le messager en s'adressant au docteur; il faut que j'aie accès près de cette dame à l'instant même.

— Ah! dit M. Grey, voici le clerc de ville qui arrive fort à propos. — Soyez le bienvenu, M. Lawford. Nous avons grand besoin ici de votre avis comme homme de loi, comme homme de bon sens, comme homme humain. De toute ma vie, je n'ai jamais été plus charmé de vous voir.

Il lui expliqua l'affaire en peu de mots, et le messager du roi, comprenant que ce nouveau venu était un homme jouissant de quelque autorité dans le village, lui montra de nouveau son mandat.

— C'est un mandat très-valide et auquel il ne manque rien, docteur, dit l'homme de loi ; néanmoins, si vous êtes disposé à prêter serment que le transport serait dangereux pour la santé de cette dame, sans contredit elle doit rester ici sous bonne et sûre garde.

— Ce n'est pas tant le simple acte de locomotion que je crains, répondit le docteur; mais je puis déclarer sur mon âme et sur ma conscience, que la honte, la crainte du courroux de son père, le sentiment de l'ignominie d'une telle arrestation, la terreur des suites qu'elle peut avoir, peuvent lui occasioner une maladie violente et dangereuse, et peut-être même la mort.

— Le père doit voir sa fille, quoiqu'ils aient pu avoir une querelle ensemble, dit M. Lawford; l'officier de justice doit mettre son mandat à exécution, quand la personne arrêtée en devrait mourir de frayeur. Ces sortes d'événemens ne sont que des suites contingentes, et non directes et immédiates. Votre hésitation est fort naturelle, M. Grey, mais vous devez remettre la dame entre les mains de cet officier.

— Mais du moins, M. Lawford, je dois être bien

certain que la personne qui se trouve dans ma maison est celle qui est désignée en ce mandat.

— Conduisez-moi dans son appartement, dit le vieillard que le messager avait nommé Monçada.

— S'il le faut, dit Grey, j'aimerais mieux marcher au-devant d'un canon.

Le messager, que la présence de Lawford avait rendu un peu plus civil, commença à reprendre un ton d'impudence. — Il espérait, dit-il, par le moyen de sa prisonnière, obtenir les informations nécessaires pour arrêter l'individu qui était le plus coupable. Si l'on opposait de nouveaux délais à l'exécution de ses ordres, ces informations pourraient venir trop tard, et il rendait responsables des conséquences tous ceux qui contribuaient à occasioner ces délais.

— Et moi, dit M. Grey, quand je devrais être conduit à l'échafaud pour le dire, je proteste que la marche qu'on veut suivre peut conduire à la mort, à l'assassinat de ma malade. Ne peut-on la laisser ici sous cautionnement, M. Lawford?

— Le cautionnement n'est pas admis dans les cas de haute trahison, répondit l'homme de loi. Et prenant un ton confidentiel, il ajouta : — Allons, M. Grey, nous vous connaissons tous pour un homme professant des sentimens de loyauté pour notre souverain le roi George et son gouvernement, mais il ne faut pas que vous poussiez trop loin cette affaire, de peur de vous mettre vous-même dans l'embarras ; il n'existe personne dans Middlemas qui ne le regrettât vivement. L'année 1745 n'est pas encore assez éloignée de nous pour que nous ayons oublié la foule de mandats qui furent décernés alors pour cause de haute trahison, — oui, et contre des dames de qualité qui furent mises en prison sur une telle accusation : — lady Ogilvy, lady Mac-Intosh, Flora Mac-Donald, et tant d'autres ; mais elles furent toutes traitées avec indulgence. Sans doute monsieur sait ce qu'il fait, et il est sans inquiétude pour la sûreté de la dame. — Ainsi donc il faut céder et laisser couler l'eau, comme nous disons.

— Suivez-moi donc, messieurs, et vous verrez la jeune dame, dit Gédéon ; et alors, ses traits mâles agités par une vive émotion en songeant à la scène d'angoisse qui allait avoir lieu, il monta le premier le petit escalier, et ouvrant la porte de l'appartement où était l'étrangère, il dit à Monçada qui le suivait : — Voici le seul refuge de votre fille, monsieur, et je suis malheureusement trop faible pour l'y protéger. Entrez, monsieur, si votre conscience vous le permet.

Le vieillard lui lança un regard courroucé dans lequel on aurait dit qu'il aurait voulu mettre le pouvoir attribué aux yeux du basilic fabuleux. S'avançant ensuite avec un air de hauteur, il entra dans la chambre. Lawford et Grey le suivirent à une petite distance, et le messager s'arrêta sur le seuil de la porte. L'infortunée jeune femme avait entendu le bruit de l'altercation, et n'en avait que trop bien deviné la cause. Il est même possible qu'elle eût vu les deux étrangers descendre de voiture. Quand ils entrèrent dans l'appartement, elle était à genoux devant un fauteuil, le visage couvert d'un voile de soie. Monçada prononça un seul mot que personne ne comprit, mais qu'à l'accent qui l'accompagnait on put juger équivalent à celui de misérable!

La jeune femme fit entendre un frémissement convulsif, semblable au faible cri d'un soldat mourant d'une blessure, et qui en reçoit une nouvelle. Mais sans s'inquiéter de son émotion, Monçada la saisit par le bras, la releva assez brusquement, et elle parut ne pouvoir se tenir sur ses jambes que parce qu'elle était soutenue par la main ferme qui saisissait son bras. Il lui arracha alors le masque qui lui couvrait le visage. La pauvre créature chercha encore à se cacher la figure de sa main gauche, car la manière dont elle était tenue ne lui laissait pas l'usage de la droite. Son père s'empara aussi de cette main sans beaucoup d'efforts, et d'ailleurs elle était trop petite pour voiler tous ses traits. On vit donc son visage, encore rayonnant de beauté, mais couvert de rougeur et baigné de larmes.

— Alcade, et vous, chirurgien, dit Monçada à Lawford et à Grey avec un accent et des gestes tout-à-fait étrangers, cette femme est ma fille Zilia Monçada, la même qui est désignée dans ce mandat; faites-moi place, et que je l'emmène dans un lieu où ses crimes pourront être expiés.

— Êtes-vous fille de cet homme? demanda Lawford à la jeune dame.

— Elle n'entend pas l'anglais, dit le docteur. Et lui adressant la parole en français, il la conjura de lui dire si elle était fille de Monçada, l'assurant de sa protection si elle ne l'était pas. Elle murmura faiblement sa réponse, mais elle ne fut que trop intelligible. Monçada était son père.

Il ne semblait alors rester aucun prétexte pour intervenir dans cette affaire. Le messager arrêta sa prisonnière, et avec quelque délicatesse demanda l'assistance des femmes qui étaient dans la chambre pour la conduire dans la voiture qui attendait.

Grey s'opposa pourtant encore à leur passage. — Vous ne séparerez pas sans doute la mère de l'enfant? s'écria-t-il.

Zilia Monçada entendit cette question, qui sembla rappeler tout à coup à son souvenir l'être infortuné auquel elle avait donné le jour, et que la terreur dont l'avait frappée la présence de son père lui avait fait oublier un instant. Elle poussa un cri perçant d'angoisse, et tourna les yeux vers son père avec l'air le plus suppliant.

— Portez le bâtard à la paroisse, s'écria Monçada tandis que la malheureuse mère tombait sans connaissance entre les femmes qui étaient alors groupées autour d'elle.

— Cela ne se passera pas ainsi, monsieur, dit le docteur. Si vous êtes le père de cette dame, vous êtes l'aïeul du malheureux enfant, et vous devez prendre des arrangemens pour lui assurer des alimens, ou nous indiquer quelque personne qui puisse en être responsable.

Monçada jeta un coup d'œil sur Lawford, qui déclara que ce que demandait M. Grey était de toute justice.

— Je ne refuse pas de payer ce qui peut être nécessaire pour ce misérable enfant, dit Monçada en s'adressant à Grey; et si vous voulez vous en charger et l'élever, vous aurez quelque chose à ajouter à votre revenu.

Grey allait refuser une proposition qui lui était faite d'une manière si peu honnête; mais après un moment de réflexion, il répondit : — Ce qui vient de se passer m'a donné une telle opinion de ceux qui y ont pris part, que si la mère désire que je prenne soin de l'enfant je ne m'y refuserai pas.

Monçada parla à sa fille, qui commençait à recouvrer l'usage de ses sens, dans la même langue dont il s'était déjà servi. Sa proposition parut convenir à la jeune mère, car elle s'élança des bras des femmes qui la soutenaient, s'avança vers Grey, lui saisit la main, la baisa en la baignant de ses larmes, et parut se consoler même d'être obligée de se séparer de son fils en songeant qu'il resterait confié aux soins du docteur.

— Brave et digne homme, lui dit-elle en son mauvais français, vous avez sauvé la mère et l'enfant!

Pendant ce temps, le père, avec un sang-froid mercantile, plaçait entre les mains de M. Lawford des billets de banque pour une somme de mille livres sterling, et il lui dit qu'il faudrait en faire le placement pour l'usage de l'enfant, et en faire emploi par portions, suivant que l'exigerait sa nourriture, son entretien et son éducation. Si quelque correspondance avec lui relativement à ce sujet devenait nécessaire, comme par exemple en cas de mort de l'enfant, on devait écrire à Mathias Monçada sous le couvert d'une certaine maison de banque de Londres qu'il indiqua.

— Mais songez bien, ajouta-t-il en se tournant vers Grey, à ne me troubler de cette affaire qu'en cas de nécessité absolue.

— Vous n'avez rien à craindre, monsieur, répondit le docteur; je n'ai rien vu aujourd'hui qui puisse me faire désirer d'entrer en correspondance avec vous, si cela ne devient indispensable.

Tandis que Lawford rédigeait un acte par lequel M. Grey et lui étaient nommés curateurs de l'enfant, M. Grey voulut remettre à la jeune dame ce qui restait de la somme assez considérable que M. Tresham, — si tel était son nom, — lui avait laissée en le quittant. Mais elle refusa cette proposition de remboursement, tant par le peu d'expressions qu'elle pouvait trouver dans ce qu'elle savait de français, que par les gestes les plus expressifs des yeux, des mains et même des pieds. Elle supplia Grey de regarder cette somme comme lui appartenant personnellement, et le força même d'accepter une bague ornée de brillans qui paraissait d'un grand prix. Son père lui adressa alors quelques mots d'un ton sévère, et elle l'écouta avec un air d'angoisse mêlée de soumission.

— Je lui ai accordé quelques minutes pour pleurer sur l'être misérable qui a été le sceau de son déshonneur, dit le père d'un ton austère; retirons-nous, et laissons-la seule. — Vous, ajouta-t-il au messager, restez sur l'escalier et veillez sur la porte.

Grey, Lawford et Monçada se retirèrent dans le salon, où ils restèrent en silence, chacun occupé de ses réflexions. Au bout d'une demi-heure, ils furent informés que la dame était prête à partir.

— Fort bien, dit Monçada; je suis charmé qu'il lui reste assez de bon sens pour se soumettre à ce qu'elle ne peut empêcher.

Il remonta l'escalier, et revint sur-le-champ, conduisant sa fille, qui avait remis son masque et son voile. En passant près de Grey, elle s'écria : — Mon fils! mon enfant! avec l'accent du désespoir. Elle monta ensuite dans la voiture qu'on avait fait approcher de la porte autant que le permettait le petit enclos qui était en avant de la maison. Le messager, monté sur un cheval de main, et accompagné d'un recors et d'un domestique, suivit la chaise de poste, qui partit au grand galop en prenant la route d'Édimbourg. Tous ceux qui avaient été témoins de cette scène étrange se retirèrent alors pour se livrer à leurs conjectures, et quelques-uns pour compter ce qu'elle leur avait valu ; car une distribution d'argent avait été faite aux femmes qui avaient donné des soins à la jeune dame, avec une libéralité qui avait contribué à les réconcilier en grande partie avec cette violation des droits du sexe féminin,..... l'enlèvement précipité d'une femme en couches.

CHAPITRE XVII.

Le dernier nuage de poussière soulevé par les roues de la voiture était dissipé, quand le dîner, qui réclame toujours une part dans les pensées humaines, même au milieu des incidens les plus merveilleux et les plus touchans, se présenta à celle de mistress Grey.

— Eh bien! docteur, dit-elle, resterez-vous à regarder à la fenêtre jusqu'à ce que quelque autre malade vous fasse appeler, pour que vous soyez obligé de partir sans avoir dîné? — J'espère que M. Lawford voudra bien accepter la fortune du pot, car c'est justement l'heure de son dîner, et nous avons aujourd'hui quelque chose de plus qu'à l'ordinaire, à cause de cette pauvre dame : — de l'agneau, des épinards et du veau à la florentine.

M. Grey tressaillit comme s'il fût sorti d'un rêve, et ayant répété l'invitation hospitalière que sa femme venait de faire, Lawford l'accepta sans se faire presser.

Nous supposerons le repas terminé, une bouteille de bon vieux rum d'Antigoa placé sur la table, et un petit et modeste bol de punch judicieusement rempli pour le docteur et son hôte. Leur conversation roula naturellement sur la scène étrange dont ils venaient d'être témoins, et le clerc municipal (1) ne se fit pas peu de mérite de sa présence d'esprit.

— Je crois, docteur, dit-il, que vous auriez pu vous brasser une ale un peu amère, si je n'étais survenu fort à propos.

— Ma foi, cela aurait bien pu arriver; car, pour vous dire la vérité, quand j'ai vu ce drôle faire parade de ses pistolets entre quatre femmes, dans ma maison, j'ai commencé à sentir le vieil esprit caméronien se soulever en moi, et il m'aurait fallu bien peu de provocations pour me faire prendre le poker (2).

— Fi! fi! mauvais moyen, fort mauvais! Non, non, c'était un cas où un peu de prudence valait mieux que tous les pistolets et tous les pokers du monde.

— Et c'était précisément ce que je pensais quand je vous ai envoyé chercher, M. Lawford.

— Et il n'aurait pas pu appeler un homme plus habile dans un cas difficile, ajouta mistress Grey qui travaillait à l'aiguille à quelque distance de la table.

— Je vous remercie, ma bonne voisine, et je bois à votre santé, répondit le scribe; me permettrez-vous de vous servir un second verre de punch? Mistress Grey n'ayant pas accepté, il continua : — Je soupçonne qu'on

(1) *Town-clerk*, le secrétaire de la mairie. — Éd.

(2) *Tisonnier*. Petite barre de fer droite, espèce de fourgon dont on se sert pour attiser le feu de charbon, et qui servit si bien d'arme défensive et offensive au brave Nicol Jarvie. (Voyez *Rob-Roy*). — Éd.

ne s'est servi de ce messager et de son mandat que pour empêcher toute opposition. Vous avez vu comme il s'est tenu tranquille lorsque j'ai eu établi le point de loi. — Je ne croirai jamais que la dame coure le moindre risque de sa part; mais le père est un rude homme. Soyez-en bien sûrs, il a tellement serré la bride à la pauvre créature, qu'elle l'a rompue, et a pris le mors aux dents. Je ne serais pas surpris qu'il l'emmenât en pays étranger, et qu'il la claquemurât dans un couvent.

— Cela n'est guère probable, dit le docteur, s'il est vrai, comme je le soupçonne, que le père et la fille sont juifs l'un et l'autre.

— Juifs ! s'écria mistress Grey ; et me suis-je donné tant de peine pour une juive ! J'ai remarqué qu'elle a fait la grimace un jour que Simson, sa garde, parlait d'œufs au lard. — Mais je croyais que les juifs avaient toujours une longue barbe, et le menton de ce vieux bourru n'en a pas plus que celui d'un chrétien. — J'ai vu le docteur lui-même en avoir une plus longue, quand il n'avait pas eu le temps de se raser.

— M. Monçada pouvait se trouver dans le même cas, dit Lawford, car il semblait avoir voyagé fort vite. Mais on trouve souvent parmi les juifs des gens très-respectables, mistress Grey. — Ils n'ont pas de propriétés territoriales, parce que la loi est contre eux à cet égard, mais ils ont bon crédit à la bourse, et beaucoup d'argent dans les fonds publics, mistress Grey. — Quant à moi, je pense véritablement que cette pauvre jeune femme est beaucoup mieux avec son propre père, quoique ce soit un juif et un rude homme par-dessus le marché, qu'elle ne l'aurait été avec le vagabond qui l'a trompée, et qui, d'après tout ce que vous m'avez dit, docteur, paraît être un rebelle et un papiste. Les juifs sont attachés au gouvernement; et ils détestent le Pape, le Diable et le Prétendant, aussi cordialement que fait le meilleur d'entre nous.

— Je ne puis approuver la conduite ni de l'un ni de l'autre, dit M. Grey. Mais il est juste de dire que j'ai vu M. Monçada dans un moment où il était vivement courroucé, et, suivant toutes les apparences, ce n'était pas sans raison. Or, cet autre, ce Tresham, si c'est son nom, m'a parlé avec hauteur, et il a montré plus que de l'insouciance pour cette pauvre jeune femme, à l'instant où il lui devait le plus d'amitié, comme il me devait quelque reconnaissance. Je suis donc de votre opinion, M. Lawford, et je pense que le chrétien ne vaut pas le juif.

— Et vous avez dessein de prendre soin de cet enfant, docteur? C'est ce que j'appelle jouer le rôle du bon Samaritain.

— Il ne m'en coûtera guère, M. Lawford. Si l'enfant vit, il a de quoi être élevé décemment et se pousser dans le monde, et je puis lui donner une profession utile et honorable. Ce sera pour moi un amusement plutôt qu'un embarras. D'ailleurs, je désire faire quelques observations sur les maladies des enfans, et avec la grace de Dieu, il faudra bien qu'il les éprouve pendant qu'il sera sous mes yeux; et puisque le ciel ne nous a pas accordé d'enfans...

— Bon! bon! vous voilà bien pressé! Il n'y a pas encore si long-temps que vous êtes marié. — Mistress Grey, que mes plaisanteries ne vous mettent pas en fuite.—Vous nous donnerez peut-être une tasse de thé, car le docteur et moi nous ne sommes pas de grands casseurs de verres.

La quatrième année qui suivit cette conversation vit arriver l'événement à la possibilité duquel M. Lawford avait fait allusion, et mistress Grey donna une fille à son mari. Mais le bien et le mal sont étrangement mêlés dans ce bas monde. L'accomplissement du désir d'avoir une postérité fut suivi, pour M. Grey, de la perte de sa bonne et simple femme, un des coups les plus cruels que le destin pût porter au pauvre docteur, et la désolation jetée dans sa maison par l'événement qui, pendant plusieurs mois, avait promis d'ajouter de nouveaux attraits à son humble demeure. Grey soutint cette perte comme un homme doué de bon sens et de fermeté supporte un coup dont il n'espère pas pouvoir jamais se relever entièrement. Il s'acquittait des devoirs de sa profession avec la même ponctualité qu'auparavant; il était calme, et même, en apparence, enjoué, quand il se trouvait dans la société; mais l'astre consolateur de son existence était éclipsé. Tous les matins il lui manquait ces avis affectueux qui lui recommandaient de faire attention à sa propre santé, tout en cherchant à rétablir celle de ses malades. Tous les soirs, quand il rentrait chez lui après avoir fait sa tournée laborieuse, il savait qu'il n'avait plus à attendre l'accueil tendre et amical d'une femme empressée de raconter tous les petits événemens de la journée ou qui en écoutait le récit avec intérêt. Ses lèvres, qui sifflaient avec autant de force que de gaieté dès qu'il apercevait le clocher de Middlemas, restaient immobiles, et la tête du cavalier se penchait sur sa poitrine, tandis que le cheval, n'étant plus animé par la voix et par la main de son maître, semblait ralentir le pas, comme s'il eût partagé son accablement. Il y avait des instans où son abattement était tel, qu'il ne pouvait même supporter la présence de sa petite Menie, dont la physionomie enfantine lui rappelait les traits de sa mère, de la mort de laquelle elle avait été, sans le savoir, la cause innocente. — Sans cette pauvre enfant, pensait-il... Mais, se reprochant aussitôt ce sentiment répréhensible, il la serrait contre son cœur, l'accablait de caresses, — et ordonnait tout à coup à la nourrice de l'emporter.

Les mahométans ont une idée bizarre : ils pensent que le vrai croyant, pour arriver dans le paradis, est dans la nécessité de passer pieds nus sur un pont de fer rouge (1). Mais, en cette occasion, tous les morceaux de papier que le musulman a ramassés pendant sa vie, de peur qu'une sentence du Coran, qui pourrait y être écrite, ne fût profanée, viennent se placer entre ses pieds et le métal ardent, et l'empêchent de se brûler. C'est ainsi quelquefois que, même en ce monde, les suites des actions inspirées par la bienveillance et la bonté de cœur adouciront l'angoisse des afflictions qui surviendront par la suite.

La plus grande consolation que le pauvre Grey pût trouver, après la perte cruelle qu'il avait faite, était l'affection enjouée que lui témoignait Richard Middle-

(1) Alsirat ou Al-Sirat : Le pont sur lequel les musulmans passent de la terre au ciel, pont jeté sur l'enfer. — Éd.

mas, l'enfant qui avait été confié à ses soins d'une manière si singulière. Même à cet âge encore peu avancé, il était d'une beauté remarquable. Quand il gardait le silence ou qu'il avait de l'humeur, ses yeux noirs et sa physionomie frappante offraient quelque ressemblance avec le caractère hautain imprimé sur les traits de celui qu'on supposait son père; mais quand il était joyeux et content, ce qui arrivait beaucoup plus souvent, ces nuages faisaient place à l'expression la plus gaie et la plus espiègle qui se soit jamais montrée sur le visage riant d'un enfant insouciant. Il semblait avoir un tact au-dessus de son âge pour découvrir le caractère particulier de ceux avec qui il vivait, et pour s'y conformer. Sa nourrice, Bet Jamieson, ou, comme on l'appelait plus communément pour abréger et *par excellence,* Nourrice, était un des principaux objets de l'affection de Richard. Elle l'avait élevé depuis son enfance; elle avait perdu son propre enfant, et peu de temps après son mari; et, se trouvant alors un être isolé, elle avait continué à rester dans la famille du docteur Grey, comme cela arrive assez fréquemment en Écosse. Après la mort de mistress Grey, elle obtint peu à peu la surintendance générale des affaires intérieures de la maison, et étant bonne ménagère, honnête et entendue, elle devint dans la famille une personne de très-grande importance.

Elle avait un caractère hardi, des sensations vives, et, comme cela arrive souvent aux nourrices, elle était aussi attachée à Richard Middlemas, qu'elle avait nourri de son lait, que s'il eût été son propre fils. L'enfant, de son côté, la payait de cette affection par toutes les démonstrations de tendresse dont son âge était capable.

Le petit Richard se distinguait aussi par son attachement tendre et sincère pour son curateur et son bienfaiteur, le docteur Grey. Il était serviable en temps et lieu convenables ; tranquille comme un agneau quand son protecteur semblait vouloir étudier ou réfléchir, empressé à l'aider en tout ce dont il était capable, cherchant à l'amuser quand le docteur semblait le désirer ; et dans toutes ces petites prévenances il déployait une intelligence fort au-dessus de la portée ordinaire d'un enfant.

Ce caractère aimable parut gagner encore avec le temps. Dans tous les jeux d'exercice il était le chef et l'orgueil de ses compagnons, sur la plupart desquels sa force et son activité lui donnaient une supériorité décidée. Il ne se distinguait pas tout-à-fait autant dans ses études ; cependant il était le favori de son maître d'école, homme instruit et sensé.

— Richard marche à pas lents, disait celui-ci au docteur Grey, mais du moins il marche à pas sûrs, et il est impossible de ne pas être content d'un enfant qui désire tellement nous donner de la satisfaction.

L'affection et la reconnaissance du jeune Middlemas pour son protecteur semblaient augmenter en proportion du développement de ses facultés, et ces sentimens trouvèrent un moyen aussi naturel qu'agréable de se montrer par ses attentions pour la petite Menie Grey. Ses moindres désirs étaient une loi pour Richard, et c'était en vain que cent voix perçantes l'appelaient pour jouer aux barres ou au ballon, si le bon plaisir de

Menie était qu'il restât près d'elle à lui bâtir des châteaux de cartes pour l'amuser. Quelquefois il se chargeait seul du soin de sa petite compagne, et on le voyait se promener avec elle sur le *commun* (1), lui cueillir des fleurs sauvages et lui faire des petits bonnets de roseaux entrelacés.

L'attachement de Menie pour Richard était proportionné à ses soins affectueux, et le père voyait avec plaisir chaque nouvelle marque d'attention que son protégé donnait à sa fille.

Pendant le temps que Richard devenait de bel enfant un bel adolescent, et qu'il avançait vers l'époque où le bel adolescent se changerait en beau jeune homme, M. Grey écrivit très-régulièrement deux fois par an à M. Monçada, par le canal que celui-ci lui avait indiqué. Cet homme bienveillant pensait que, si le riche aïeul pouvait seulement voir ce petit-fils, dont toute famille aurait pu être fière, il lui serait impossible de persister dans sa résolution de traiter en étranger un être qui lui tenait de si près par le sang, et dont l'extérieur et le caractère étaient si intéressans. Il crut donc qu'il était de son devoir d'entretenir la faible et indirecte communication qui lui était permise avec le grand-père maternel de son protégé, comme pouvant, à une époque plus heureuse, amener une liaison plus étroite. Cependant, sous tout autre rapport, cette correspondance ne pouvait être agréable à un homme plein d'une honorable fierté comme M. Grey.

Aussi ses lettres étaient-elles aussi courtes que pos-

(1) Lieu de dépaissance communale. — Éd.

sible. Il se bornait à y rendre compte des dépenses de l'enfant, en y comprenant une très-modique pension pour lui-même, le tout attesté par M. Lawford, qui en était comme lui curateur; et à parler de l'état de la santé de Richard et des progrès de son éducation, en y joignant quelques mots pour faire brièvement, mais avec chaleur, l'éloge de son intelligence et de la bonté de son cœur. Mais les réponses qu'il en recevait étaient encore plus courtes. Elles se réduisaient à peu près à ce qui suit : « M. Monçada accuse réception de la lettre de M. Grey sous telle date, et le prie de persister dans le plan qu'il a suivi jusqu'à présent relativement à leur correspondance. » Dans les occasions où il paraissait y avoir lieu à quelque dépense extraordinaire, les envois d'argent ne se faisaient pas attendre.

Quinze jours après la mort de mistress Grey, le docteur reçut de cette manière une somme de cinquante livres sterling, avec un billet annonçant qu'elle était destinée à payer le deuil de l'enfant R. M. M. Monçada avait ajouté quelques mots pour indiquer que le surplus était à la disposition de M. Grey pour faire face aux dépenses extraordinaires occasionées par cette calamité; mais, désespérant sans doute de rendre convenablement son idée en anglais, il n'avait pas fini cette phrase. Le docteur, sans chercher à remplir la lacune, porta tranquillement la somme tout entière au compte de la petite fortune de son jeune protégé, contre l'avis de M. Lawford, qui, sachant que le docteur, au lieu de gagner quelque chose sur la pension qu'il retenait pour Richard, était plutôt en perte à cet égard, désirait que son ami profitât de cette occasion pour rétablir en partie la balance; mais M. Grey fut à l'épreuve de toute remontrance à ce sujet.

Lorsque Richard approcha de sa quatorzième année, le docteur rendit à M. Monçada un compte plus détaillé du caractère, des moyens et de la capacité du jeune homme confié à ses soins. Il ajouta qu'il le faisait pour mettre M. Monçada en état de juger de quelle manière devait être dirigée à l'avenir l'éducation de Richard. — Il était arrivé, disait-il, à l'époque où l'éducation sort des directions générales, et doit suivre quelqu'une des routes particulières qui conduisent à chaque profession ; par conséquent, il devenait indispensable de déterminer vers laquelle on dirigerait ses études et ses efforts; et, de son côté, il ferait tout ce qui serait en lui pour exécuter les désirs de M. Monçada, les aimables qualités du jeune homme le lui faisant aimer comme s'il était son père, quoiqu'il ne fût que son curateur.

La réponse à cette lettre arriva au bout de huit ou dix jours. Elle était moins laconique que de coutume, n'était plus écrite à la troisième personne, et contenait ce qui suit :

« M. Grey, — nous nous sommes vus dans des circonstances qui ne pouvaient pas, à cette époque, nous faire connaître l'un à l'autre sous un point de vue favorable. Cependant j'ai l'avantage sur vous, puisque, connaissant vos motifs pour concevoir de moi une opinion assez médiocre, je pouvais les respecter et vous respecter vous-même en même temps; au lieu que vous, hors d'état de comprendre les miens, — je veux dire, ne connaissant pas la manière infâme dont j'avais été traité, — vous ne pouviez comprendre les raisons que j'avais pour agir comme je l'ai fait. Privé de ma fille, monsieur, par un misérable, l'ayant vue elle-même dépouillée de son honneur, il m'est impossible de jamais me déterminer à voir l'être, quoique innocent, dont la vue me rappellerait toujours des idées de haine et de honte. — Gardez près de vous ce pauvre enfant; — élevez-le dans votre profession; mais ayez soin qu'il ne porte pas ses vues plus haut que d'occuper dans le monde un rang semblable à celui que vous y occupez dignement. S'il a du goût pour la profession de fermier, pour la jurisprudence, pour la médecine ou pour quelque autre état qu'il puisse exercer dans une province, les moyens d'éducation et d'établissement lui seront libéralement fournis. — Mais je dois le prévenir, ainsi que vous, que toute tentative pour s'adresser à moi autrement que je ne le permettrai spécialement, sera suivie de la perte entière de mes bonnes graces et de ma protection. Vous ayant fait connaître mes intentions à cet égard, j'espère que vous agirez en conséquence. »

La réception de cette lettre détermina le docteur à avoir une explication avec le jeune homme, pour savoir s'il avait du goût pour quelqu'une des professions dont on lui donnait le choix, convaincu en même temps que, d'après son caractère docile, il s'en rapporterait au jugement de son protecteur.

Il avait pourtant à s'acquitter d'abord de la tâche désagréable d'informer Richard Middlemas des circonstances mystérieuses qui avaient accompagné sa naissance, et dont il ne le croyait aucunement informé, parce qu'il ne lui en avait jamais parlé lui-même, et qu'il avait appris à l'enfant à se considérer comme le fils orphelin d'un parent éloigné de son protecteur. Mais, quoique le docteur eût gardé le silence, il aurait dû se rappeler que la nourrice, Bet Jamieson, avait la libre jouissance de sa langue, et une disposition très-prononcée à s'en servir libéralement.

Parmi le nombre infini de légendes de toute espèce que la nourrice avait eu soin de raconter à son fils de lait dès son plus bas âge, elle n'avait pas oublié ce qu'elle appelait l'époque mémorable de son arrivée dans le monde; — l'air de grandeur et de dignité de son père, qui semblait comme si tout l'univers était à ses pieds; — la beauté de sa mère, le terrible masque noir qu'elle portait, ses yeux qui brillaient comme des diamans, et les diamans véritables qu'elle portait aux doigts et qui ne pouvaient être comparés à rien qu'à ses yeux; la blancheur de sa peau, la couleur de sa robe de soie, et bien d'autres choses de même nature. — Elle s'était étendue ensuite sur l'arrivée de son grand-père, accompagné d'un homme formidable, véritable ogre d'un conte de fée, armé de pistolets, d'un poignard et d'une claymore, armes qui n'existaient que dans l'imagination de la nourrice; elle avait ajouté toutes les circonstance relatives au départ de sa mère, tandis que les billets de banque roulaient dans la maison comme des chiffons de mauvais papier, et que les guinées d'or n'étaient pas plus rares que des cailloux. Tant pour amuser et intéresser l'enfant que pour se livrer au goût qu'elle avait pour l'amplification, la nourrice ajoutait à ce récit tant de circonstances de son invention et tant de commentaires gratuits, qu'auprès de ces ornemens additionnels le fait véritable, tout étrange et tout mystérieux qu'il était, semblait ne plus rien offrir de bien extraordinaire, comme l'humble prose comparée à la poésie dans son essor le plus hardi.

Richard écoutait tout très-sérieusement; mais ce qui lui inspirait encore plus d'intérêt, c'était l'idée de voir son vaillant père venir le chercher à l'improviste à la tête d'un brave régiment, tambours battans et drapeaux déployés, et emmener son fils sur le plus beau bidet qu'on ait jamais vu; — ou sa mère, brillante comme le jour, pouvait paraître tout à coup dans sa voiture attelée de six chevaux, pour réclamer son enfant chéri; — ou son grand-père repentant, et ayant les poches pleines de billets de banque, viendrait indemniser de sa cruauté passée son petit-fils si long-temps négligé, en le comblant de richesses inattendues. Bet Jamieson était bien sûre qu'il ne fallait qu'un regard des yeux brillans de son nourrisson pour tourner leurs cœurs, comme dit l'Écriture, et il était survenu en ce bas monde des choses plus étranges que de les voir arriver tous trois ensemble, et passer à Middlemas une journée comme jamais le soleil n'en avait éclairé dans ce village. Et alors on n'appellerait plus son cher enfant par ce vilain nom de Middlemas, qui semblait avoir été ramassé dans le ruisseau, mais on lui donnerait le nom de Galatin, de sir William Wallace, de Robin Hood, ou celui de quelque autre des grands princes dont il est parlé dans les livres d'histoire.

Le tableau du passé, tel que le peignait la nourrice, et la perspective qu'elle montrait dans l'avenir, avaient

trop d'attraits pour ne pas offrir des visions d'ambition
à l'esprit d'un jeune homme à peine sortant de l'enfance, mais qui éprouvait déjà un désir prononcé de
s'élever dans le monde, et qui se sentait les moyens
nécessaires pour y obtenir de l'avancement. Les incidens de sa naissance ressemblaient à ceux qu'il avait
trouvés dans les histoires romanesques qu'il avait lues
ou qu'il avait entendu raconter, et il lui semblait que
rien ne s'opposait à ce qu'ils eussent un dénouement
semblable à celui de ces contes véridiques. En un mot,
tandis que le docteur s'imaginait que Richard était dans
une ignorance complète de tout ce qui avait rapport à
sa naissance, il n'était occupé qu'à songer à l'époque
où il serait tiré de l'obscurité de sa condition présente,
et des moyens qui seraient employés pour l'élever au
rang auquel il croyait que lui donnait droit le sang qui
coulait dans ses veines.

Telles étaient les pensées du jeune homme, quand
un jour, après le dîner, le docteur mouchant la chandelle, et tirant de sa poche le grand porte-feuille de
cuir dans lequel il déposait quelques papiers particuliers et un petit assortiment des remèdes les plus actifs
dont il pouvait avoir besoin tout à coup, y prit la lettre
de M. Monçada, et dit à Richard de l'écouter avec la
plus grande attention, tandis qu'il allait lui apprendre
quelques circonstances relatives à sa naissance, dont il
était important qu'il fût informé. Les yeux noirs de
Richard étincelèrent, le sang anima son front découvert et régulier; le moment de l'explication était enfin
arrivé. Il écouta le récit que lui fit Gédéon Grey; et,
comme le lecteur peut bien le supposer, ce récit, dé-

pouillé de la dorure qu'y avait ajoutée l'imagination de la nourrice, et réduit à ce que les marchands appellent le nécessaire, ne présentait plus guère que l'histoire d'un enfant, fruit de la honte, abandonné par son père et sa mère, et élevé aux dépens de la charité dédaigneuse d'un aïeul qui le regardait comme la preuve vivante, quoique innocente, du déshonneur de sa famille, et qui aurait acquitté plus volontiers les frais de son enterrement que ceux de sa nourriture et de son entretien, qu'il ne payait qu'à contre-cœur. « Temples et tours, » les cent châteaux en Espagne qu'avait construits l'imagination du jeune Richard s'écroulèrent à la fois, et le chagrin qui accompagna leur chute fut d'autant plus vif, qu'il s'y mêlait un sentiment de honte d'avoir pu se livrer à de telles illusions. Pendant que son protecteur continuait sa relation, il avait l'attitude de l'accablement, les yeux baissés vers la terre, mais les veines du front gonflées par les diverses passions qui l'agitaient.

— Et maintenant, mon cher Richard, dit le bon chirurgien en finissant, il faut songer à ce que vous pouvez faire, puisque votre aïeul vous laisse le choix de trois professions honorables, dont chacune, si vous la suivez avec zèle et persévérance, peut vous procurer sinon des richesses, du moins l'indépendance, et vous assurer dans le monde un rang respectable, sinon élevé.
— Vous désirerez sans doute prendre quelque temps pour y réfléchir ?

— Pas une minute, répondit le jeune homme en levant la tête et en regardant hardiment le docteur. Je suis né Anglais et libre, et je retournerai en Angleterre si je le juge à propos.

— Vous êtes né libre et fou, répliqua Grey ; vous êtes né, comme je crois que personne ne peut mieux le savoir que moi, dans la chambre bleue de Stevenlaw's Land, dans le bourg de Middlemas. Appelez-vous cela être né Anglais ?

— Mais Tom Hillary dit que je n'en suis pas moins Anglais du chef de mes parens.

— Et que savez-vous qui sont vos parens ? Mais quel rapport la question de savoir si vous êtes Anglais ou non, peut-elle avoir avec ce qui nous occupe ?

— Oh ! docteur, répondit Richard avec amertume, — vous savez que nous autres Anglais nous ne sommes pas en état de mener une vie aussi dure que vous autres Écossais. Il y a en Écosse trop de moralité, trop de prudence et trop de bonne santé, pour qu'on puisse y vivre, soit comme ministre, soit comme homme de loi, soit comme médecin. — Vous me pardonnerez, monsieur.

— Sur ma foi ! Dick (1), ce Tom Hillary vous tournera l'esprit. Que signifient de pareilles sornettes ?

— Tom Hillary dit que le ministre vit des péchés des hommes, l'homme de loi de leurs folies, et le médecin de leurs maladies. — Je vous demande encore pardon, monsieur.

— Tom Hillary devrait être chassé du village au son du tambour. Un freluquet de clerc de procureur, un vagabond échappé de Newcastle ! Que je l'entende parler ainsi, et je lui apprendrai à montrer plus de respect pour les professions savantes. Ne me parlez plus de

(1) Abréviation familière du nom de Richard. —Tr.

Tom Hillary; vous l'avez beaucoup trop vu depuis quelque temps. Réfléchissez en jeune homme sensé, et dites-moi quelle réponse je dois faire à M. Monçada.

— Dites-lui, répondit Richard, quittant le ton affecté de sarcasme pour prendre celui de la fierté blessée; dites-lui que mon ame se révolte contre le sort obscur qu'il me destine. Je suis déterminé à suivre la profession de mon père, à entrer dans l'armée, à moins que mon grand-père ne veuille me recevoir, et me faire suivre le même état que lui.

— Sans doute, et vous faire son associé, je suppose, et vous reconnaître pour son héritier? Rien n'est certainement plus vraisemblable, d'après la manière dont il vous a fait élever, et les termes dans lesquels il m'écrit.

— En ce cas, monsieur, il y a une autre chose que je puis vous demander. Il existe entre vos mains une somme d'argent considérable qui m'appartient, et puisqu'elle vous a été remise pour mon usage, je vous prie d'en employer ce qu'il faudra pour m'acheter une commission dans l'armée, de me rendre compte du surplus, et tout en vous remerciant de vos bontés passées, je ne vous serai plus à charge à l'avenir.

— Jeune homme, dit le docteur d'un ton grave, je suis très-fâché de voir que le désappointement de quelques folles espérances auxquelles vous n'aviez pas la moindre raison pour vous livrer, vous fasse oublier votre prudence et votre docilité ordinaires. Il est très-vrai qu'il existe pour vous entre mes mains une somme qui, malgré les dépenses faites pour vous jusqu'à ce jour, approche encore de mille livres sterling, et s'élève peut-être même un peu au-delà. Mais je ne puis en disposer que conformément à la volonté du donateur; et, dans tous les cas, vous n'avez droit de la demander que lorsque vous aurez atteint l'âge de discrétion, époque qui, conformément à la loi, n'arrivera que dans six ans, et qui, dans un autre sens, n'arrivera jamais si vous ne renoncez à vos lubies actuelles. — Mais allons, Dick, voici la première fois que je vous ai vu montrer une humeur si absurde, et j'avoue qu'il y a dans votre situation bien des choses qui peuvent faire excuser même plus d'impatience que vous n'en avez manifesté. Mais votre ressentiment ne doit pas se tourner contre moi, à qui vous n'avez rien à reprocher. Vous devriez vous rappeler que j'ai été votre premier, votre unique ami, et que j'ai pris soin de vous quand tous les autres vous abandonnaient.

— Je ne vous en remercie pas! s'écria Richard, cédant à l'impétuosité de ses passions; vous auriez pu faire mieux pour moi si vous l'aviez voulu.

— Et que pouvais-je donc faire, enfant ingrat? demanda M. Grey, dont le sang-froid commençait à s'émouvoir.

— Me jeter sous les roues de leur voiture quand ils partirent, et leur faire écraser les membres de leur enfant comme ils ont brisé son cœur.

A ces mots il s'enfuit de la chambre, et ferma la porte après lui avec force, laissant le docteur tout étonné du changement total survenu tout à coup dans son caractère et ses manières.

— De quel démon est-il donc possédé? — Ah! il a de la fierté; il est trompé dans quelques folles espérances que ce Tom Hillary lui avait mises dans la tête,

— mais c'est un cas qui exige des anodins, et c'est ainsi que je le traiterai.

Tandis que le docteur prenait cette résolution inspirée par la bonté de son cœur, le jeune Middlemas courut dans la chambre de la nourrice, où la pauvre Menie, pour qui sa présence était toujours un nouveau sujet de joie, s'empressa de lui montrer, pour la lui faire admirer, une nouvelle poupée dont elle avait fait emplette. Personne en général ne prenait plus d'intérêt que Richard aux amusemens de Menie; mais en ce moment Richard, comme le monarque célèbre dont il portait le nom (1), n'était pas d'humeur à jouer. Il repoussa la petite fille avec tant d'insouciance et même de rudesse, que la poupée, s'échappant des mains de Menie, tomba par terre, et son visage de cire fut brisé. Cette brusquerie lui attira un reproche de la nourrice, quoique le coupable fût son favori.

— Fi donc, Richard! — Je ne vous reconnais pas! — Est-ce ainsi que vous devez agir avec miss Menie? — Silence, miss Menie, je vous aurai bientôt raccommodé le visage de votre poupée.

Mais si Menie pleurait, ce n'était pas pour sa poupée. Tandis que ses larmes coulaient silencieusement le long de ses joues, elle avait les yeux fixés sur Richard avec une expression enfantine de crainte, de chagrin et d'étonnement. La douleur de Menie n'étant pas bruyante, Bet Jamieson cessa bientôt d'y faire attention, et elle remarqua les yeux rouges et les traits enflés de son cher nourrisson, et le changement qui s'était opéré dans

---

(1) Richard III?— Éd.

toute sa physionomie. Elle commença sur-le-champ une enquête sur la cause de sa détresse, à la manière ordinaire des matrones de cette classe; et les questions : — Qu'y a-t-il donc, mon enfant? — qui est-ce qui a tourmenté mon enfant? et plusieurs autres du même genre, arrachèrent enfin la réponse suivante :

— Je ne suis pas votre enfant, — je ne suis l'enfant de personne : je suis un enfant proscrit par sa famille; — je n'appartiens à personne; le docteur Grey me l'a dit lui-même.

— Et a-t-il jeté au nez de mon enfant qu'il était un bâtard? — Sur ma foi! il est bien osé! — Allez, allez, votre père était un homme qui valait bien mieux que celui qui se trouve sur les jambes du docteur, — un grand et bel homme, ayant un œil comme un faucon et une démarche comme un joueur de cornemuse montagnard.

La nourrice avait entamé un sujet favori, et elle l'aurait continué long-temps, car elle était admiratrice déclarée de la beauté masculine; mais il y avait dans sa dernière comparaison quelque chose qui ne plaisait pas au jeune homme; il coupa donc court à cette conversation en lui demandant si elle savait précisément combien d'argent son aïeul avait laissé pour lui au docteur Grey. — Elle ne pouvait le dire, — elle ne le savait pas au juste, — c'était une somme énorme, telle qu'il en passait rarement entre les mains d'un homme; — ce n'était sûrement pas moins de cent livres, et peut-être bien cela pouvait-il aller à deux cents. — En un mot, elle ne savait rien à ce sujet; mais elle — était sûre que le docteur Grey lui en tiendrait bon compte jusqu'au dernier sou ; car chacun savait que c'était un homme juste quand il s'agissait d'argent. Au surplus, si son cher enfant désirait en savoir davantage, elle était sûre que le clerc du village pouvait lui dire tout ce qui s'était passé.

Richard Middlemas se leva, et quitta l'appartement sans dire un mot de plus. Il alla sur-le-champ chez le vieux clerc du village, dont il s'était fait un ami, comme de la plupart des hauts dignitaires de l'endroit. Il entama la conversation en lui faisant part de la proposition qui lui avait été faite de choisir une profession, et après lui avoir parlé des circonstances mystérieuses qui avaient accompagné sa naissance et de la perspective douteuse qui s'ouvrait devant lui, il amena aisément M. Lawford à s'expliquer sur le montant des fonds qui lui étaient destinés, et à énoncer la somme exacte qui se trouvait à cet effet entre les mains de son protecteur; détails qui se trouvèrent parfaitement conformes à ce que celui-ci lui avait déjà dit. Il le sonda ensuite sur la possibilité de réaliser le désir qu'il avait d'entrer dans l'armée ; mais il reçut une seconde confirmation de ce que lui avait annoncé le docteur, c'est-à-dire qu'aucune partie de cet argent ne pouvait être mise à sa disposition avant sa majorité, et, même à cette époque, sans le consentement de ses deux curateurs, et surtout de M. Grey. Il prit donc congé de M. Lawford, qui, approuvant la manière circonspecte dont le jeune homme venait de lui parler, et le choix prudent qu'il avait fait d'un conseiller, lui déclara que, s'il se décidait pour la jurisprudence, il le recevrait chez lui en qualité d'apprenti, moyennant une somme très-modique, et qu'il congédierait Tom Hillary pour lui faire place, ce jeune homme, dit-il, faisant trop l'important, et l'étourdissant en lui parlant sans cesse de la pratique d'Angleterre, dont on n'avait que faire, grace à Dieu, de ce côté de la frontière.

Middlemas le remercia de son offre obligeante, et lui promit d'y réfléchir, dans le cas où il donnerait la préférence au barreau.

En quittant le maitre de Tom Hillary, Richard alla trouver Tom Hillary lui-même, qui était en ce moment dans l'étude du procureur. C'était un jeune homme d'environ vingt ans, dont la taille était aussi petite que ses prétentions étaient grandes, et qui se distinguait par des cheveux peignés avec le plus grand soin, et par la splendeur d'un chapeau galonné et d'un gilet brodé, dont il faisait parade les dimanches dans l'église de Middlemas. Tom Hillary avait commencé sa carrière par être clerc de procureur à Newcastle sur la Tyne; mais, n'importe pour quelle raison, il avait trouvé convenable de passer en Écosse, et il s'était rendu recommandable aux yeux de M. Lawford par la beauté de sa main, et par l'exactitude avec laquelle il transcrivait les délibérations du corps municipal de Middlemas. Il est assez vraisemblable qu'ayant appris par le bruit public les circonstances singulières qui avaient accompagné la naissance de Richard, et sachant qu'il était propriétaire incontestable d'une somme assez considérable, Hillary se détermina, d'après ce motif, à admettre dans sa compagnie un jeune homme dont l'âge était si différent du sien. Il poussa même la bonté jusqu'à lui donner des instructions sur certaines sciences dans lesquelles

Richard aurait trouvé difficilement l'occasion de s'instruire dans ce village isolé. Ces sciences étaient certains jeux de cartes et de dés, et, comme cela n'était que trop juste, l'élève payait les leçons qu'il recevait de son maître, en perdant une partie de l'argent qu'il avait à sa disposition. Après avoir fait une longue promenade avec cet ami, dont il estimait probablement les avis plus que ceux de ses conseillers plus âgés, semblable en cela au fils peu sage du plus sage des hommes, Middlemas retourna dans sa chambre dans Stevenlaw's-Land, où il se coucha fort triste et sans avoir soupé.

Le lendemain il se leva avec le soleil, et le repos de la nuit parut avoir produit sur lui l'effet qu'il a souvent, de calmer les passions et de redresser le jugement. La petite Menie fut la première personne à qui il fit amende honorable; et une offrande bien moindre que la nouvelle poupée qu'il lui présenta aurait été acceptée comme la réparation d'une offense beaucoup plus grande. Menie était une de ces ames pures pour qui un état de froideur est un état de souffrance, et la moindre avance de la part de son ami, de son jeune protecteur, suffisait pour qu'elle lui rendît toute sa confiance, toute son affection enfantine.

Le père ne se montra pas plus inexorable que la fille. A la vérité, M. Grey croyait avoir de bonnes raisons pour montrer quelque froideur à Richard quand il le reverrait, n'étant pas peu blessé de la manière dont celui-ci s'était conduit envers lui la soirée précédente. Mais Middlemas le désarma à l'instant en lui avouant avec franchise qu'il avait laissé égarer son esprit par le rang et l'importance supposée de ses parens, au point de se persuader qu'il devait un jour partager avec eux ces avantages. La lettre de son aïeul, qui le condamnait au bannissement et à l'obscurité pour toute sa vie, était sans doute un coup bien dur, et c'était avec un profond chagrin qu'il songeait que, dans l'amertume de son désappointement, il s'était oublié jusqu'à s'exprimer d'une manière si contraire au respect et à l'affection qu'il devait à un homme qui lui avait toujours montré les sentimens d'un père, et à la décision duquel il devait soumettre toutes les actions de sa vie. Grey, touché d'un aveu fait avec tant de franchise et d'humilité, oublia sur-le-champ tout le ressentiment qu'il pouvait avoir conçu, et lui demanda avec bonté s'il avait fait quelques réflexions sur son choix entre les professions qui lui avaient été proposées, lui offrant en même temps de lui laisser un délai raisonnable pour se déterminer.

Richard Middlemas répondit à cette question avec autant de promptitude que de candeur. — Il avait, lui dit-il, pour mieux s'éclairer sur le parti qu'il devait prendre, consulté son ami le clerc municipal. Le docteur fit un signe d'approbation. — M. Lawford lui avait témoigné beaucoup de bonté, et lui avait même offert de le prendre comme apprenti dans son étude. Mais si son bienfaiteur, son père, voulait lui permettre d'étudier sous ses auspices le noble art dans lequel il s'était fait lui-même une réputation si bien méritée, le seul espoir de pouvoir un jour se rendre de quelque utilité à M. Grey dans ses travaux l'emporterait sur toute autre considération. Un tel usage de ses connaissances, quand un cours d'études convenables les lui aurait fait acquérir, aiguillonnerait ses efforts plus que la perspective de devenir un jour lui-même clerc municipal à Middlemas.

Le jeune homme ayant déclaré que sa volonté ferme et inébranlable était de prendre de son protecteur des leçons de l'art de guérir, et de continuer à demeurer avec lui, le docteur informa M. Monçada de la détermination de Richard, et celui-ci en témoigna son approbation en envoyant à M. Grey une somme de cent livres pour payer l'apprentissage, somme trois fois aussi considérable que celle que la modestie du docteur avait demandée.

Peu de temps après, le docteur Grey et M. Lawford s'étant rencontrés au petit club du village, leur entretien roula sur le bon sens et la fermeté de Richard Middlemas.

— Sur ma foi, dit le clerc, c'est un jeune homme si désintéressé et si attaché à ses amis, qu'il n'a pu se résoudre à accepter une place que je lui offrais dans mon étude, de crainte qu'on ne pensât qu'il cherchait à couper l'herbe sous le pied à Tom Hillary.

— Et véritablement, M. Lawford, dit le docteur, j'ai quelquefois craint qu'il ne fréquentât trop souvent ce Tom Hillary. Mais vingt Tom Hillary ne viendraient pas à bout de corrompre Dick Middlemas.

CHAPITRE XVIII.

» Depuis qu'il était médecin
» Dick passait pour être habile :
» Mais on donnait dans la ville
» Comme un fait non moins certain,
» Que Tom était plus politique. »

Tom et Dick.

A l'époque où M. Grey commença à donner des leçons dans l'art de guérir au jeune Middlemas, devenu son apprenti, les parens d'un jeune homme nommé Adam Hartley lui proposèrent de le recevoir aussi chez lui dans la même qualité. Il était fils d'un respectable fermier, demeurant en Angleterre sur la frontière de l'Écosse, qui, destinant son fils aîné à sa propre profession, désirait faire du second un chirurgien ou un médecin, afin de pouvoir profiter des dispositions obligeantes d'un homme puissant, propriétaire de sa ferme, qui lui avait dit que cette profession était celle où son crédit pourrait plus facilement être utile à un de ses enfans. Middlemas et Hartley devinrent donc compagnons d'études. Pendant l'hiver, ils étaient mis en pension à Édimbourg, afin de suivre les divers cours qui étaient nécessaires pour qu'ils pussent obtenir leurs grades universitaires. Trois ou quatre ans se passèrent ainsi; et d'adolescens qu'ils étaient, les deux aspirans aux faveurs d'Esculape devinrent enfin deux jeunes gens qui, également beaux et bien faits, bien mis, bien élevés, et ayant de l'argent dans leur poche, finirent par être des personnages de quelque importance dans le petit bourg de Middlemas, où il se trouvait à peine un seul être qu'on pût dire appartenir à l'aristocratie, mais où les élégans étaient rares, et où l'on voyait une foule d'élégantes.

Chacun d'eux avait ses partisans particuliers; car, quoique les deux jeunes gens vécussent en assez bonne harmonie ensemble, personne, comme c'est l'usage en pareil cas, ne pouvait être ami de l'un sans le comparer à l'autre en même temps et sans lui donner la supériorité sur celui-ci.

Tous deux étaient gais, aimaient la danse, et étaient disciples assidus de M. Mac Fittock, maître à danser, qui, courant le pays pendant l'été, faisait jouir pendant l'hiver la jeunesse de Middlemas de l'avantage de ses instructions, à raison de cinq shillings pour vingt leçons. En ces occasions, il distribuait à chacun des élèves du docteur Grey sa dose particulière d'éloges.— Hartley dansait avec plus de feu, — Middlemas avec plus de grace. — M. Mac Fittock aurait opposé Richard à tout le comté dans le menuet, et il aurait parié ce qu'il avait de plus cher au monde (c'était son violon de poche) qu'on reconnaîtrait sa supériorité; mais il convenait qu'Adam l'emportait sur lui dans les *hornpipes*, les *jigs*, les *reels* et les *srathspeys* (1).

Hartley dépensait davantage pour sa toilette, peut-être parce que son père lui en fournissait plus de moyens; mais son costume n'était jamais d'aussi bon goût que celui de Richard quand il était neuf, ni aussi bien conservé quand il commençait à s'user. Adam Hartley avait l'extérieur tantôt très-élégant, tantôt plus que négligé; et, dans le premier cas, il semblait s'apercevoir un peu trop de sa splendeur; son compagnon était toujours bien mis et avec une propreté remarquable, et en même temps il avait un air de savoir-vivre qui semblait le mettre toujours à son aise; de sorte que ses vêtemens, quels qu'ils fussent, paraissaient toujours être précisément ce qui lui allait le mieux.

L'extérieur des deux jeunes gens offrait une différence encore plus marquée. Adam Hartley était d'une taille au-dessus de la moyenne, robuste et bien proportionné; et sa physionomie anglaise, franche et ouverte, était conforme au vrai type saxon; ses cheveux châtains, quand le coiffeur ne les raccourcissait pas, étaient naturellement touffus. Il aimait à lutter, à boxer, à sauter, à jouer du bâton à deux bouts, à se livrer à tout exercice violent; et quand il en avait le loisir, il

---

(1) Noms de danses écossaises. — TR.

se trouvait aux combats de taureaux et aux grandes parties de ballon qui avaient lieu quelquefois dans le village.

Richard, au contraire, avait le teint un peu brun, comme son père et sa mère, et ses traits, bien formés et réguliers, étaient comme empreints d'un caractère un peu étranger. Sa tournure, son aisance et ses manières devaient lui être naturelles, car il n'aurait pas trouvé dans le bourg où il avait reçu le jour un modèle à imiter. Tandis qu'il était à Edimbourg, il apprit à manier l'épée d'un professeur d'escrime, et il prit des leçons de déclamation d'un bon acteur pour se fortifier dans l'élocution. Il y devint aussi amateur de spectacle; il se montrait assidûment au théâtre, et prenait le ton de critique dans ce département de la littérature, comme dans d'autres genres plus légers. Pour achever le contraste, Richard était un pêcheur plein d'adresse, et dont le succès couronnait toujours les efforts; — Adam, un hardi chasseur qui ne manquait jamais son coup. Ils se disputaient à qui fournirait le mieux la table de M. Grey, ce qui faisait qu'elle était mieux servie qu'elle ne l'avait été autrefois; et, en outre, de petits présens de poisson et de gibier sont toujours agréables, même aux principaux habitans d'un bourg de province, et ils contribuaient à augmenter la popularité des deux jeunes gens.

Lorsque le bourg était divisé, faute d'un meilleur sujet de discussion, sur la part de mérite des deux apprentis du docteur Grey, on le prenait quelquefois lui-même pour arbitre. Mais sur ce sujet comme sur tout autre, le docteur était circonspect. Il disait qu'ils étaient tous deux de braves garçons, et qu'ils deviendraient des hommes utiles dans leur profession, si les habitans du bourg n'étaient pas assez extravagans pour leur faire tourner la tête en faisant trop d'attention à eux, et si les parties de plaisir ne continuaient pas à les distraire si souvent de leurs études. Sans doute il était naturel qu'il eût plus de confiance en Hartley, qui était né de parens bien connus, et qui pouvait presque passer pour Écossais; mais s'il éprouvait cette partialité, il se la reprochait parce que l'enfant d'étrangers, qui lui avait été si singulièrement jeté sur les bras, avait un droit particulier à toute l'affection et à toute la protection qu'il pouvait accorder; et véritablement le jeune homme se montrait si reconnaissant, qu'il lui était impossible de laisser soupçonner le moindre désir que Dick Middlemas ne s'empressât de l'accomplir.

Il y avait dans le village de Middlemas des gens assez indiscrets pour supposer que Menie Grey devait pouvoir juger mieux que personne du mérite comparatif de ces deux personnages accomplis, entre lesquels l'opinion publique se partageait. Pas un de ceux qui avaient avec elle les liaisons les plus intimes n'osait lui faire cette question en termes précis; mais on observait sa conduite de très-près, et les critiques remarquaient qu'elle accordait des attentions à Hartley plus librement et plus ouvertement. Elle jasait avec lui, riait avec lui, dansait avec lui, tandis que sa manière d'être avec Middlemas était plus réservée et plus circonspecte. Ces prémisses étaient certaines, mais le public se divisait encore dans les conclusions qu'on devait en tirer.

Il n'était pas possible que des jeunes gens fussent le

sujet de semblables discussions sans savoir qu'elles avaient lieu ; et étant ainsi mis en contraste perpétuel par la petite société dans laquelle ils vivaient, ils n'auraient pas été formés du limon ordinaire à l'espèce humaine s'ils ne s'étaient pas laissé atteindre eux-mêmes peu à peu par cet esprit de controverse, et s'ils ne s'étaient pas considérés comme des rivaux briguant les applaudissemens du public.

Et il ne faut pas oublier que Menie Grey, à cette époque, était devenue une des jeunes filles les plus jolies, non-seulement de Middlemas, mais même de tout le comté dans lequel ce petit bourg est situé. Ce point avait été décidé par une preuve qu'on ne pouvait regarder que comme décisive. A l'époque des courses de chevaux, la meilleure compagnie de tous les environs se réunissait ordinairement à Middlemas, et la plupart des bons bourgeois se procuraient une augmentation de revenu en louant leurs appartemens à des personnes de qualité pendant la semaine de plaisirs. Tous les thanes et thanesses (1) de campagne ne manquaient pas de s'y trouver en pareille occasion, et tel était le nombre des chapeaux à cornes et des robes de soie à queue, que la petite ville semblait, pendant ce temps, avoir totalement changé d'habitans. En cette occasion, les personnes d'une certaine qualité étaient seules admises au bal qui avait lieu chaque soir dans l'ancienne salle municipale, et cette ligne de démarcation excluait la famille de M. Grey.

(1) *Thane* signifie *Chef* dans l'ancienne langue celtique. L'auteur veut dire ici tous les *hobereaux* et leurs dames —Éd.

Cependant l'aristocratie du comté jouissait de ses privilèges avec quelque sentiment de déférence pour les habitans des deux sexes de Middlemas, qui étaient condamnés à entendre tous les soirs le son des violons sans qu'il leur fût permis de danser. Une des soirées de la semaine des courses, on donnait un bal qu'on nommait le bal des chasseurs, et il était consacré à l'amusement général, et dégagé des restrictions ordinaires de l'étiquette. En cette occasion, toutes les familles respectables du bourg étaient invitées à partager les divertissemens de la soirée, et à admirer l'élégance supérieure de la noblesse du pays, avec une reconnaissance convenable pour cet acte de condescendance. C'était surtout au beau sexe qu'étaient adressées les invitations, car le nombre des hommes qu'on admettait était infiniment plus limité. Or, à cette revue générale, la beauté des traits de miss Grey et les graces de tout son extérieur l'avaient placée, dans l'opinion de tous les juges compétens, décidément à la tête de toutes les belles qui se trouvaient à ce bal, à l'exception de celles avec qui, d'après les idées reçues en ce lieu, il n'aurait guère été convenable de la comparer.

Le laird de Loupon-Height (1), descendu d'une maison ancienne et distinguée, n'hésita pas à danser avec elle pendant la plus grande partie de cette soirée; et sa mère, connue par la fierté avec laquelle elle maintenait les distinctions de rang, fit placer la petite plébéienne à côté d'elle quand on se mit à table pour souper. On l'entendit même dire que la fille du chirur-

(1) Saut sur la hauteur. — Éd.

gien se comportait très-joliment, et qu'elle paraissait sentir parfaitement qui elle était, et où elle se trouvait. Quant au jeune laird, il riait d'une manière si bruyante, et faisait de tels bonds en dansant, qu'on se disait tout bas qu'il avait envie de s'élancer hors de sa sphère, et de changer la fille d'un docteur de village en une dame portant son ancien nom.

Pendant cette mémorable soirée, Middlemas et Hartley, qui avaient trouvé le moyen de se placer dans la galerie des musiciens, étaient témoins de cette scène, qui semblait les affecter différemment. Hartley était évidemment mécontent des attentions excessives qu'avait pour miss Menie Grey le galant laird de Loupon-Height, stimulé par l'influence de deux bouteilles de vin de Bordeaux, et par la vue d'une partenaire qui dansait si bien. De son poste élevé Hartley voyait tout ce jeu muet de galanterie avec les mêmes sensations qu'éprouve un être affamé en voyant un bon repas qu'il ne lui est pas permis de partager; et il regardait chaque cabriole extraordinaire du laird jovial, comme un goutteux qui aurait craint que le sauteur ne lui retombât sur l'orteil. Enfin, hors d'état de maîtriser son émotion, il quitta la galerie et n'y reparut plus de la soirée.

La conduite de Middlemas fut toute différente. Il semblait jouir avec délices de l'admiration générale dont miss Grey était l'objet, et des attentions qu'on lui prodiguait. Il regardait le vaillant laird de Loupon-Height avec un mépris qu'il serait impossible de décrire, et il s'amusait à faire remarquer au maître de danse, qui faisait pour le moment partie de l'orchestre, les bonds et les pirouettes ridicules dans lesquelles ce digne rejeton d'un ancien tronc déployait plus de vigueur que de graces.

— Vous ne devriez pas en rire si haut, M. Dick, répondit le maître de cabrioles, car il n'a pas eu comme vous l'avantage d'avoir un maître de graces; et en vérité, s'il avait voulu prendre quelques-unes de mes leçons, je crois que j'aurais pu faire quelque chose de ses pieds, car il ne manque pas de souplesse, et il a un coude-pied qui promet. Il y a bien long-temps qu'on n'a vu un si beau chapeau galonné sur la chaussée de Middlemas. — Mais comment pouvez-vous rire ainsi, M. Dick Middlemas? Êtes-vous bien sûr qu'il ne vous coupera pas l'herbe sous le pied près de sa belle partenaire?

— Lui! qu'il... — Middlemas commençait une phrase qu'il n'aurait pu achever avec les égards dus aux convenances, mais il fut interrompu par le conducteur de l'orchestre, qui rappela Mac-Fittock à son poste en lui disant d'un ton d'humeur : — A quoi songez-vous donc, monsieur? pensez à votre archet. Comment voulez-vous que trois violons tiennent tête à une basse, si l'un d'eux est à bavarder et à grimacer comme vous le faites? — Jouez, monsieur! jouez!

Richard Middlemas, réduit ainsi au silence, continua, de l'élévation où il se trouvait, comme un des dieux des Épicuriens, à regarder ce qui se passait en dessous de lui, sans que la gaieté qui y régnait produisît d'autre effet sur son visage que de lui arracher un sourire qui semblait indiquer un mépris d'indifférence pour tout ce qu'il voyait, plutôt qu'un mouvement de sympathie pour les plaisirs des autres.

CHAPITRE XIX.

> « Tais-toi, Billy Berwick, tais-toi,
> » Ne m'échauffe pas davantage ;
> » Ou, si tu veux montrer quelque courage,
> « Viens là-bas te battre avec moi. »
>
> *Ballade du Northumberland.*

Dans la matinée qui suivit cette soirée consacrée à la gaieté, les deux jeunes gens travaillaient ensemble sur une petite pièce de terre située derrière Stevenlaw's-Land, dont le docteur avait fait un jardin où il cultivait des plantes qui pouvaient être utiles en pharmacie, et lui servir même à enseigner à ses élèves les élémens de la botanique. Les habitans de Middlemas avaient donné à ce terrain le nom imposant de Jardin de Médecine. Adam et Richard, à la requête du docteur, s'étaient volontiers chargés du soin de ce lieu favori, et tous deux s'occupaient en commun de sa culture, après quoi Hartley avait coutume de prendre soin d'un jardin potager, qui n'était dans l'origine qu'une grande planche de choux, mais où il avait introduit quelques autres légumes, tandis que Middlemas consacrait ses travaux à décorer de fleurs et d'arbustes un petit terrain séparé qu'on avait coutume d'appeler le Parterre de miss Menie.

En ce moment ils étaient tous deux dans la partie botanique du jardin, et Middlemas demanda à Hartley pourquoi il avait quitté le bal si tôt, la soirée précédente.

— Je vous demanderais plutôt, répondit Hartley, quel plaisir vous avez pu trouver à y rester. Je vous dis, Richard, que ce Middlemas où nous demeurons n'est qu'un endroit misérable où l'on ne sait pas vivre. Dans le plus petit bourg d'Angleterre, si le représentant au parlement donnait un bal, tout habitant honnête y serait invité.

— Quoi! Hartley, dit son compagnon, est-ce bien vous, vous qui vous déclarez candidat à l'honneur d'être admis dans la société des premiers nés de la terre? Sur ma foi! comment se tirerait d'affaire le pauvre naturel du Northumberland? et il prononça ces mots en donnant à la lettre *r* le véritable accent du nord de l'Angleterre. — Il me semble que je vous vois avec votre habit vert de pois, dansant une gigue avec l'honorable miss Maddie Mac-Fudgeon au milieu d'un cercle de nobles Thanes, riant d'aussi bon cœur que s'ils voyaient un pourceau sous les armes.

— Vous ne m'entendez pas, ou peut-être vous ne voulez pas m'entendre. Je ne suis pas assez fou pour désirer d'être bras dessus, bras dessous, avec ces beaux messieurs ; je me soucie d'eux aussi peu qu'ils se soucient de moi ; mais comme ils ne nous invitent pas à leurs bals, je ne vois pas quel besoin ils ont de danser avec nos partenaires.

— Nos partenaires, dites-vous ? je ne crois pas que Menie soit bien souvent la vôtre.

— Aussi souvent que je l'invite, répondit Hartley avec un peu de hauteur.

— Oui-dà! en vérité! dit Richard avec le même ton de sarcasme ; je ne le croyais pas, et je veux être pendu si je le crois encore. Je vous dis, Adam, que je vous gage un bol de punch que miss Grey ne dansera pas avec vous la première fois que vous l'y inviterez ; tout ce que je demande, c'est de connaître le jour.

— Je ne ferai pas de gageure relativement à miss Grey : son père est mon maître, et je lui ai des obligations. Je m'acquitterais bien mal avec lui si je faisais de sa fille un sujet de débat entre vous et moi.

— Vous avez raison ; il faut vider une querelle avant d'en commencer une autre. Allons, sellez votre bidet, courez à la porte du château de Loupon-Height, et défiez le baron à un combat à outrance pour avoir osé toucher la belle main de Menie Grey.

— Je vous prie de trouver bon qu'il ne soit pas question davantage du nom de miss Grey. Allez porter vous-même vos défis à vos gens du grand monde, et vous verrez ce qu'ils répondront à l'apprenti du chirurgien.

— Parlez de vous-même, s'il vous plaît, M. Adam Hartley. Je ne suis pas né un paysan comme certaines gens ; et si je le jugeais convenable, je ne me gênerais nullement pour parler au plus fier de ces personnages du grand monde sur un ton qu'il faudrait bien qu'il comprît.

— Sans doute, répondit Hartley perdant patience, vous en faites partie vous-même, comme vous le savez, Middlemas de Middlemas (1).

— Drôle que vous êtes ! s'écria Richard en avançant vers lui avec fureur, car son humeur caustique s'était changée en rage.

— Ne faites pas un pas de plus, dit Hartley, ou vous vous en trouverez mal. Si vous vous permettez des plaisanteries grossières, vous devez souffrir qu'on vous réponde sur le même ton.

— Vous me ferez raison de cette insulte, de par le ciel !

— Eh bien, fort volontiers, si vous l'exigez ; mais je crois que le mieux serait de ne plus parler de cette affaire. Nous avons dit l'un et l'autre ce que nous aurions mieux fait de ne pas dire. — J'ai eu tort de vous parler comme je l'ai fait, quoique vous m'y eussiez provoqué ; et maintenant je crois vous avoir donné la satisfaction qu'un homme raisonnable peut exiger.

— Monsieur, s'écria Richard, la satisfaction que je vous demande est celle d'un homme d'honneur. — Le docteur a une paire de pistolets.

— Et même une paire de mortiers qui sont fort à votre service, messieurs, dit le docteur Grey, s'avançant de derrière une haie d'ifs, d'où il avait entendu

---

(1) En dialecte écossais. *Middlemas of that ilk*. Middlemas de ce même *lieu*. — Éd.

toute cette querelle, ou du moins la plus grande partie. Ce serait une belle chose vraiment, si mes apprentis tiraient l'un contre l'autre avec mes propres pistolets! Attendez que vous soyez en état de guérir la blessure d'une arme à feu, avant de vouloir en faire une. Allez, vous êtes deux fous, et je ne puis vous savoir bon gré de mêler le nom de ma fille dans vos sottes querelles. — Écoutez-moi, jeunes gens : vous me devez tous deux quelque respect, à ce que je crois, et même quelque reconnaissance; croyez-vous m'en donner une bonne preuve si, au lieu de vivre paisiblement avec une pauvre fille privée de sa mère, comme des frères avec une sœur, vous me forcez à faire une dépense additionnelle, et à me priver de toute ma consolation, en m'obligeant à l'éloigner de moi pendant quelques mois que vous avez encore à rester dans ma maison? — Que je vous voie vous donner la main, et qu'il ne soit plus question de pareilles sottises.

Tandis que le docteur parlait ainsi, les deux jeunes gens restaient debout devant lui, dans l'attitude de criminels prononçant eux-mêmes leur condamnation. Lorsqu'il eut fini sa mercuriale, Hartley se tourna vers son compagnon en lui offrant la main avec un air de franchise, et celui-ci la prit, mais après un moment d'hésitation. Il ne fut plus question entre eux de cette affaire; mais à compter de cette époque, ils ne vécurent plus sur le même pied d'intimité qu'auparavant. Au contraire, ils évitaient tout rapprochement que leur situation ne rendait pas indispensable, ne se parlaient qu'autant que les devoirs de leur profession l'exigeaient absolument, et semblaient aussi étrangers l'un pour l'autre, que pouvaient l'être deux individus demeurant dans la même maison.

Quant à Menie Grey, son père ne semblait concevoir aucune inquiétude relativement à elle, quoique ses absences fréquentes et presque journalières exposassent sa fille à se trouver presque constamment avec deux beaux jeunes gens à qui l'on pouvait supposer l'intention de chercher à lui plaire, plus que bien des parens n'auraient jugé prudent de le permettre. Nourrice Jamieson, si l'on prenait en considération sa qualité de domestique et sa partialité excessive pour son ancien nourrisson, ne pouvait être regardée comme une matrone capable de lui servir de protection. Mais Gédéon Grey savait que son caractère pur, droit et intègre, était échu en partage à Menie dans toute son étendue, et jamais père n'eut moins de motifs pour craindre qu'une fille trompât sa confiance. Comptant donc avec raison sur ses principes, il oubliait le danger auquel il exposait son cœur et sa sensibilité.

Pendant les absences du docteur, Menie et les deux jeunes gens semblaient mettre plus de réserve dans leurs relations habituelles. Ils ne se rencontraient qu'aux heures des repas, et alors miss Grey, peut-être d'après les avis de son père, cherchait à leur accorder le même degré d'attention. Mais ce n'était pas une chose facile, car Hartley devint si sérieux, si froid, si circonspect, qu'il était impossible qu'elle pût soutenir long-temps une conversation avec lui; tandis que Middlemas, parfaitement à son aise, jouait son rôle comme auparavant dans toutes les occasions qui se présentaient; et sans paraître vouloir toujours faire valoir son intimité, semblait pourtant rester complètement le maître de le faire.

Le temps approcha enfin où les deux jeunes gens, ayant rempli les obligations qu'ils avaient contractées par leur brevet d'apprentissage, allaient entrer dans le monde, et jouir d'une parfaite indépendance. M. Grey informa Richard qu'il avait écrit plus d'une fois à ce sujet à M. Monçada, et d'une manière pressante, mais qu'il n'en avait encore reçu aucune réponse, et qu'il ne voulait pas prendre sur lui de lui donner ses avis, avant de connaitre le bon plaisir de son aïeul. Richard parut supporter l'incertitude dans laquelle on le laissait, avec plus de patience que le docteur ne lui en supposait. Il ne fit aucune question, ne hasarda aucune conjecture, ne montra nulle inquiétude, mais parut attendre patiemment ce que l'avenir déciderait de son sort. — Ou mon jeune homme a pris secrètement un parti, pensa M. Grey, ou il se montrera plus traitable que je n'étais porté à le croire, d'après certains traits de son caractère.

Dans le fait, Richard avait mis à l'épreuve cet aïeul inflexible, en lui écrivant une lettre pleine de soumission, d'affection et de reconnaissance, pour le prier de lui permettre de correspondre personnellement avec lui, en lui promettant de se conduire en tout d'après sa volonté. Il ne reçut d'autre réponse que sa propre lettre, qui lui fut renvoyée, avec une note du banquier sous le couvert duquel il l'avait adressée, portant que toute tentative future pour faire parvenir de pareilles lettres à M. Monçada sans sa permission occasionerait la cessation définitive de toute remise de fonds de sa part.

Tandis que telle était la situation des choses à Stevenlaw's Land, Adam Hartley chercha un soir à avoir un entretien particulier avec son compagnon d'apprentissage, ce qu'il n'avait pas fait depuis plusieurs mois. Il le trouva dans le petit parterre, et il ne put s'empêcher de remarquer que Richard Middlemas, en le voyant arriver, cacha à la hâte dans son sein un petit paquet, comme s'il eût craint qu'on ne le vît, saisit une bêche, et se mit à travailler avec l'ardeur d'un homme qui désirait faire croire qu'il n'avait l'esprit occupé que de son travail.

— Je désirais vous parler, M. Middlemas, dit Hartley; mais je crains de vous interrompre.

— Pas le moins du monde, répondit Richard en mettant de côté sa bêche; je n'étais occupé qu'à arracher quelques mauvaises herbes que les dernières pluies ont fait pousser. Je suis à votre service.

Hartley entra dans un cabinet de verdure et s'y assit. Richard imita son exemple, et sembla attendre ce que son compagnon avait à lui dire.

— J'ai eu une conversation intéressante avec M. Grey, dit Adam, et il s'interrompit en homme qui craint de trouver trop difficile la tâche qu'il entreprend.

— J'espère que l'explication a été satisfaisante, dit Middlemas.

— Vous allez en juger. — Le docteur Grey a bien voulu me faire quelques complimens sur les progrès que j'ai faits dans notre profession, et, à ma grande surprise, il m'a demandé si, considérant qu'il commençait à devenir vieux, j'avais quelque objection à continuer à demeurer avec lui encore deux ans, mais avec quelques avantages pécuniaires, et il m'a offert de me prendre pour associé à l'expiration de ce temps.

— Personne ne peut mieux juger que M. Grey quelle est la personne qui lui convient le mieux pour l'aider dans les travaux de sa profession. Il peut gagner environ deux cents livres par an, et un aide actif pourrait presque doubler cette somme en étendant ses courses dans les cantons de Strath-Devon et de Carse. Ce n'est pas un grand sujet de division, après tout, M. Hartley.

— Mais ce n'est pas tout; le docteur a ajouté..... En un mot, il me propose, si je puis pendant cet espace de temps gagner les bonnes graces de miss Menie Grey, de devenir alors son fils aussi-bien que son associé.

En parlant ainsi il avait les yeux fixés sur Richard, qui parut un moment vivement agité, mais qui, recouvrant son sang-froid sur-le-champ, répondit en homme dont le dépit et l'orgueil offensé cherchaient en vain à se déguiser sous le voile de l'indifférence : — Eh bien, maître Adam, je vous félicite de cet arrangement patriarcal. Vous avez servi cinq ans pour obtenir le diplôme de chirurgien, le privilège de tuer et de guérir : — c'est une sorte de Lia ; et maintenant vous allez commencer un nouveau cours de servitude pour obtenir une charmante Rachel. — Sans doute..... c'est peut-être me donner trop de liberté que de vous faire une pareille question ; — cependant, vous avez sans doute accepté un arrangement si flatteur ?

— Vous devez vous rappeler qu'une condition y est annexée, répondit Hartley d'un ton grave.

— Celle de gagner les bonnes graces d'une jeune fille que vous avez connue tant d'années ? dit Middlemas avec un sourire presque moqueur ; cela n'offre pas grande difficulté, à ce qu'il me semble, pour un homme comme M. Hartley, appuyé en outre de la protection de M. Grey. — Non, non, il n'y a nul obstacle à craindre.

— Vous et moi nous savons le contraire, M. Middlemas, dit Adam d'un ton très-sérieux.

— Moi ! Comment saurais-je mieux que vous quelles peuvent être les inclinations de miss Grey ? Bien sûrement nous avons eu tous deux les mêmes occasions pour en juger.

— Cela est possible, mais il y a des gens qui savent mieux profiter des occasions. — M. Middlemas, j'ai long-temps soupçonné que vous aviez l'avantage inappréciable de posséder l'affection de miss Grey, et.....

— Moi ! — Vous plaisantez ou vous êtes jaloux. Vous ne vous rendez pas justice, et vous me faites trop d'honneur. Mais c'est un compliment si flatteur, que je dois vous remercier de votre méprise.

— Pour que vous sachiez que je ne parle ni au hasard, ni par ce que vous appelez jalousie, je vous dirai franchement que Menie Grey elle-même m'a avoué quels étaient ses sentimens à cet égard. Il était naturel que je lui fisse part de la conversation que j'avais eue avec son père. Je lui ai dit que je n'étais que trop convaincu je n'avais pas eu le bonheur jusqu'à présent d'intéresser son cœur en ma faveur, ce que je regardais comme indispensable pour la prier de donner son agrément aux projets flatteurs que son père avait eu la bonté de former pour moi ; mais je la suppliai de ne pas décider sur-le-champ la question contre moi, et de me laisser les moyens de pouvoir gagner son affection, si ce bonheur m'était réservé, espérant que le temps et les services que je rendrais à son père pourraient produire un effet qui me serait favorable.

— C'était une requête aussi naturelle que modeste. Mais que vous a répondu la jeune personne?

— Elle a un cœur plein de noblesse, Richard Middlemas, et sa franchise seule, indépendamment de sa beauté et de son bon sens, la rend digne d'avoir un empereur pour époux. Je ne saurais vous rendre la modestie pleine de grace avec laquelle elle m'a répondu qu'elle connaissait trop bien la bonté de mon cœur, comme elle voulut bien s'exprimer, pour m'exposer aux tourmens prolongés d'une passion à laquelle elle ne pourrait répondre. — Elle m'a informé franchement que vous étiez engagés l'un à l'autre depuis long-temps, que vous aviez échangé vos portraits, que bien certainement elle ne vous épouserait jamais sans le consentement de son père; mais qu'elle sentait qu'il lui serait impossible de jamais oublier les sentimens qu'elle vous avait voués, de laisser à un autre la moindre perspective de succès.

— Sur ma foi! elle a véritablement été extrêmement franche, et je lui en ai beaucoup d'obligation.

— Et sur ma foi et mon honneur, M. Middlemas, vous faites la plus grande injustice à miss Grey; vous êtes même coupable d'ingratitude envers elle, si vous êtes mécontent qu'elle m'ait fait cet aveu. Elle vous aime comme une femme aime le premier objet de son affection. Elle vous aime d'autant plus..... Il s'arrêta, et Richard termina la phrase.

— D'autant plus que je le mérite moins, peut-être?

— En vérité cela est très-possible; mais, de mon côté, je l'aime de tout mon cœur. — Cependant, comme vous le savez, ce secret m'appartenait ainsi qu'à elle, et après tout elle aurait mieux fait de me consulter avant de le rendre public.

— M. Middlemas, s'écria Hartley avec vivacité, si le sentiment que vous manifestez provient en partie de la crainte que votre secret ne soit moins bien gardé parce que j'en ai connaissance, je puis vous protester que j'ai tant de reconnaissance pour la bonté qu'a eue miss Grey de me faire l'aveu d'une circonstance si délicate pour elle et pour vous, afin de m'épargner les tourmens qui auraient suivi une espérance déçue, que des chevaux indomptés m'arracheraient les membres avant qu'on tirât de moi un seul mot à ce sujet.

— Allons, allons, mon cher ami, dit Middlemas dont l'air de franchise indiquait une cordialité qui n'existait plus entre eux depuis quelque temps, il faut que vous me pardonniez d'être un peu jaloux à mon tour. Un véritable amant ne peut avoir droit à ce nom sans être quelquefois déraisonnable; et je ne sais pourquoi il me semblait bizarre qu'elle eût choisi pour confident celui que j'ai souvent regardé comme un rival formidable; et cependant je suis si loin d'être mécontent, que je ne sais, après tout, si cette chère fille, pleine de bon sens, aurait pu faire un meilleur choix. Il est temps que la sotte froideur qui a existé entre nous se termine; car vous devez sentir qu'elle n'avait d'autre cause que notre rivalité. J'ai grand besoin de bons avis: et qui pourrait m'en donner de meilleurs que l'ancien compagnon dont j'ai toujours envié le jugement sain, quoique quelques

18.

amis peu judicieux m'aient fait l'honneur de me supposer plus de vivacité dans l'esprit.

Hartley accepta la main que Richard lui offrait, mais sans montrer le même enthousiasme que son compagnon.

— Je n'ai pas dessein de rester long-temps ici, dit-il ; je n'y resterai peut-être même que quelques heures. En attendant, si je puis vous être utile, soit par mes avis, soit de quelque manière que ce puisse être, vous n'avez qu'à parler. Ce n'est qu'ainsi que je puis maintenant vous prouver mon respect pour Menie Grey.

— Qui aime ma maîtresse, m'aime ; c'est un heureux pendant au vieux proverbe, qui m'aime, aime mon chien. Eh bien donc, pour l'amour de Menie Grey, si ce n'est pour celui de Dick Middlemas, maudit soit ce nom vulgaire qui rappelle tant de choses ! voulez-vous, vous qui êtes spectateur, nous dire, à nous malheureux joueurs, ce que vous pensez de la partie que nous avons commencée ?

— Comment pouvez-vous me faire une telle question, quand un si beau champ vous est ouvert ? Je suis sûr que le docteur Grey vous conserverait près de lui aux mêmes conditions qu'il m'a offertes ; sous le rapport de l'intérêt, vous êtes un meilleur parti pour sa fille, puisque vous avez un capital pour commencer votre établissement.

— Vous avez raison, mais il me semble que M. Grey n'a pas montré pour moi beaucoup de prédilection dans cette affaire.

— S'il a fait injustice à votre mérite incontestable, répondit Adam d'un ton un peu sec, la préférence que sa fille vous accorde vous en dédommage plus que suffisamment.

— Sans contredit, et je ne l'en aime que davantage ; sans quoi, Adam, je ne suis pas homme à me jeter avidement sur les restes des autres.

— Richard, cet orgueil qui vous domine vous rendra ingrat et malheureux, si vous ne le maîtrisez ; M. Grey n'a pour vous que des sentimens d'amitié ; il m'a dit franchement qu'en songeant à se choisir un aide qui deviendrait ensuite membre de sa famille, son ancienne affection pour vous l'avait fait balancer longtemps, et qu'il ne s'était déterminé que parce qu'il croyait avoir remarqué que la perspective bornée qu'offre sa proposition ne pouvait vous convenir, et que vous aviez le désir bien décidé d'entrer dans le monde, et d'y pousser votre fortune, comme on le dit. Il a ajouté que, quoiqu'il fût très-probable que vous aimiez assez Menie pour abandonner pour l'amour d'elle ces idées ambitieuses, cependant les démons de l'ambition et de la cupidité reviendraient lorsque l'amour, ce puissant exorciste, aurait épuisé la force de ses charmes ; et il craignait alors d'avoir de justes raisons pour concevoir quelques inquiétudes pour le bonheur de sa fille.

— Sur ma foi, le brave vieillard parle savamment et avec sagesse. Je ne le soupçonnais pas d'être si clairvoyant. Pour dire la vérité, sans la belle Menie Grey, en faisant ma tournée journalière dans ce pays ennuyeux, je me trouverais aussi malheureux qu'un cheval de moulin, tandis que tant d'autres courent gaiement le monde pour voir comment ils y seront accueillis. Et par exemple, vous-même, où allez-vous ?

— Un cousin de ma mère commande un bâtiment de la compagnie des Indes, et j'ai dessein de m'embarquer avec lui comme chirurgien en second. Si le service de mer me plaît j'y resterai; sinon je prendrai quelque autre parti. Et Harley soupira à ces mots.

— Vous allez dans les Indes! s'écria Richard; — heureux coquin! dans les Indes! Vous pouvez supporter avec égalité d'ame tous les désappointemens que vous pouvez avoir éprouvés dans cet hémisphère. — O Delhi! O Golconde! vos noms ne sont-ils pas assez puissans pour dissiper de vains souvenirs? — Les Indes, où l'or se gagne par le fer! où un homme brave ne peut élever si haut ses désirs de fortune et de renommée, qu'il ne lui soit possible d'y atteindre! Est-il possible que ce hardi aventurier ait pensé à vous pour ce poste, et que vous éprouviez encore quelque regret de ce qu'une jeune fille aux yeux bleus a jeté un regard plus favorable sur un homme moins heureux que vous? Cela se peut-il?

— Moins heureux! répéta Hartley. — Pouvez-vous bien, vous amant préféré de Menie Grey, parler ainsi même en plaisantant?

— Ne vous fâchez pas contre moi, Adam, parce qu'ayant réussi en ce point, je ne vois peut-être pas ma bonne fortune avec le même enthousiasme que vous, qui n'avez pas obtenu le même succès. Votre philosophie devrait vous avoir appris que l'objet que nous possédons, ou que nous sommes sûrs de posséder, perd, peut-être par suite de cette certitude, une partie de la valeur idéale et extravagante que nous y attachons quand nous sommes agités tour à tour par la crainte et l'espérance. Malgré tout cela, je ne saurais vivre sans ma chère Menie, et je l'épouserais demain de tout mon cœur, sans songer un instant à la pesanteur des fers qu'un mariage contracté quand nous sommes tous deux encore si jeunes, nous attacherait aux talons. Mais passer encore deux ans dans ce désert infernal, en croisière pour ramasser des couronnes et des demi-couronnes, tandis que des gens qui ne me valent pas gagnent des lacs et des crores de roupies, — c'est une triste chute, Adam! — Donnez-moi votre avis, mon cher ami; ne pouvez-vous me suggérer quelque moyen de me débarrasser de ces deux années d'ennui insupportable?

— Non vraiment, répondit Hartley pouvant à peine cacher son mécontentement; — et si j'avais assez de crédit sur l'esprit du docteur Grey pour le déterminer à se désister d'une condition si raisonnable, je m'en ferais scrupule. Vous n'avez que vingt-un ans, et si la prudence du docteur a jugé ce temps d'épreuve nécessaire pour moi, qui suis votre aîné de deux ans, je ne crois pas qu'il trouve à propos de vous en dispenser.

— Cela peut être; mais ne pensez-vous pas qu'il vaudrait mieux passer deux, ou même trois ans d'épreuve dans les Indes, où l'on peut gagner beaucoup en peu de temps, que dans ce misérable bourg où tout ce qu'on peut faire c'est de gagner du sel pour sa soupe, ou de la soupe pour son sel? Il me semble que j'ai un goût naturel pour les Indes, et rien n'est moins étonnant: mon père était soldat, à ce que conjecturent tous ceux qui l'ont vu, et il m'a légué l'amour des armes, et un bras en état d'en faire usage. Le père de ma mère était un riche négociant qui aimait l'argent, j'en réponds, et qui savait comment en gagner. Ce triste revenu de deux cents livres, avec la misérable et précaire possibilité d'y ajouter quelque chose, et qu'il faudrait partager avec le vieux docteur, sonne à mes oreilles comme un état décent de mendicité, quand je songe que le monde m'offre tant de ressources, et que j'ai une épée pour m'y ouvrir un chemin.—Menie est une perle, un diamant, j'en conviens; mais je voudrais enchâsser un joyau si précieux non dans du plomb, non dans du cuivre, mais dans l'or le plus pur, et y ajouter même un entourage de brillans. — Rendez-moi ce service, Adam ; chargez-vous de faire envisager mes projets au docteur sous le jour convenable. Je suis sûr que ni lui ni Menie ne peuvent rien faire de plus sage que de me permettre d'aller passer ce temps si court d'épreuve dans le pays des couris (1). Bien certainement j'y serai de cœur, et tandis que je saignerai quelque manant pour une inflammation, je m'imaginerai être occupé à soulager quelque Nabab ou quelque Rajahpoot d'une pléthore de richesse. — Allons, m'aiderez-vous? Serez-vous mon auxiliaire? Il y a dix contre un que vous plaiderez votre propre cause; car, avant que j'aie fait ma fortune, une épée ou la corde d'un arc peuvent me coucher par terre, et en ce cas vous trouverez la route vers Menie libre et ouverte ; et comme vous jouerez le rôle de consolateur *ex officio*, vous pourrez la prendre la larme à l'œil, comme le conseille un vieux dicton.

— M. Richard Middlemas, répondit Hartley, je n'ai

(1) Monnaie des Indes. — Tr.

plus dessein de vous adresser que quelques mots, et il me serait impossible de vous exprimer si vous m'inspirez plus de pitié ou plus de mépris. Le ciel vous offre le bonheur, une honnête aisance, le contentement, et vous êtes disposé à sacrifier tous ces avantages réels pour satisfaire l'ambition et la cupidité. Si j'avais à donner un avis à ce sujet au docteur Grey ou à sa fille, ce serait de rompre toute liaison avec un homme qui, quoique naturellement intelligent, peut faire une telle folie, et qui, quoique élevé dans des principes d'honneur, peut céder à la tentation, et devenir un misérable. — Vous pouvez vous dispenser de ce sourire, qui n'est qu'un ricanement ironique; je n'essaierai pas de donner cet avis, parce que je suis convaincu qu'il ne pourrait être d'aucune utilité, à moins qu'on fût certain qu'il est désintéressé. J'accélérerai mon départ de cette maison pour que nous ne nous revoyions plus, et je laisserai à Dieu, à cet être tout-puissant, le soin de protéger l'honneur et l'innocence contre les dangers qui doivent suivre la folie et la vanité. A ces mots, il se détourna avec un air méprisant du jeune candidat dans la carrière de l'ambition, et sortit du jardin.

— Attendez! s'écria Middlemas, frappé du portrait qu'il voyait dans le miroir qui venait d'être présenté à sa conscience; attendez, Adam Hartley! et je vous avouerai que... Mais il parlait d'un ton faible et en hésitant; ses paroles n'arrivèrent pas à l'oreille de son compagnon, ou ne changèrent rien à sa détermination.

Lorsque Adam fut hors du jardin, Dick commença à reprendre sa fierté ordinaire. — S'il était resté un moment de plus, dit-il, je serais devenu papiste et je l'aurais pris pour confesseur! Ce manant! ce rustre! Je donnerais quelque chose pour savoir comment il a pris un tel ascendant sur moi. Qu'a-t-il à voir dans mes engagemens avec Menie Grey? Elle lui a fait sa réponse; quel droit a-t-il de venir se placer entre elle et moi? Si le vieux Monçada avait rempli les devoirs d'un aïeul, et m'avait assuré une fortune raisonnable, le plan d'épouser cette charmante fille et de m'établir dans le lieu de sa naissance aurait bien pu s'exécuter. Mais mener la vie de ce pauvre bardot, son père, être aux ordres du premier manant à vingt milles à la ronde! — Sur ma foi, le métier d'un colporteur qui court des vingtaines de milles afin d'échanger ses épingles, ses rubans et son tabac pour les œufs, les peaux de lapins et le suif de la fermière, est moins pénible, plus profitable, et je crois vraiment, non moins respectable. — Non! non! — à moins que je ne trouve la richesse plus près, j'irai la chercher partout où l'on peut la rencontrer; et par conséquent j'irai à l'auberge du Cygne, et j'y prendrai une détermination définitive après avoir consulté mon ami (1).

(1) Le sujet de la vignette du titre de ce volume est pris dans *les Deux Bouviers.* — ÉD.

FIN DU TOME SECOND DES CHRONIQUES DE LA CANONGATE.

OEUVRES COMPLÈTES

DE

SIR WALTER SCOTT.

Cette édition sera précédée d'une notice historique et littéraire sur l'auteur et ses écrits. Elle formera soixante-douze volumes in-dix-huit, imprimés en caractères neufs de la fonderie de Firmin Didot, sur papier jésus vélin superfin satiné; ornés de 72 *gravures en taille-douce* d'après les dessins d'Alex. Desenne; de 72 *vues* ou *vignettes* d'après les dessins de Finden, Heath, Westall, Alfred et Tony Johannot, etc., exécutées par les meilleurs artistes français et anglais; de 30 *cartes géographiques* destinées spécialement à chaque ouvrage; d'une *carte générale de l'Écosse,* et d'un *fac-simile* d'une lettre de Sir Walter Scott, adressée à M. Defauconpret, traducteur de ses œuvres.

CONDITIONS DE LA SOUSCRIPTION.

Les 72 volumes in-18 paraîtront par livraisons de 3 volumes de mois en mois; chaque volume sera orné d'une *gravure en taille-douce* et d'un titre gravé, avec une *vue* ou *vignette*, et chaque livraison sera accompagnée d'une ou deux *cartes géographiques*.

Les *planches* seront réunies en un cahier séparé formant *atlas*.

Le prix de la livraison, pour les souscripteurs, est de 12 fr. et de 25 fr. avec les gravures avant la lettre.

Depuis la publication de la 3e livraison, les prix sont portés à 15 fr. et à 30 fr.

ON NE PAIE RIEN D'AVANCE.

Pour être souscripteur il suffit de se faire inscrire à Paris

Chez les Éditeurs :

CHARLES GOSSELIN, LIBRAIRE
DE S. A. R. M. LE DUC DE BORDEAUX,
Rue St.-Germain-des-Prés, n. 9.

A. SAUTELET ET Cº,
LIBRAIRES,
Place de la Bourse.

www.ingramcontent.com/pod-product-compliance
Lightning Source LLC
Chambersburg PA
CBHW071947160426
43198CB00011B/1582